本書の使い方

本書は，各単元の最重要ポイントを確認し，基本的な問題を何度も繰り返して解くことを通して，中学歴史の基礎を徹底的に固めることを目的として作られた問題集です。

1単元2ページの構成です。

一言ポイントにも注目だよ！

数犬チャ太郎

❶ ✅ チェックしよう！

それぞれの単元の重要ポイントをまとめています。

その単元で覚えておくべきポイントを挙げています。

ここから解説動画が見られます。くわしくは2ページへ

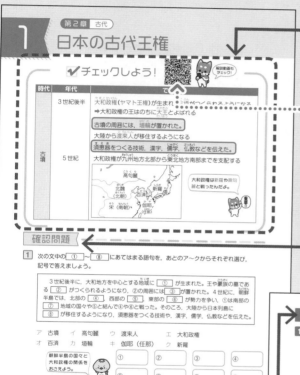

第2章 古代

1 日本の古代王権

✅ チェックしよう！

時代	年代	で
古墳	3世紀後半	大和政権（ヤマト王権）が生まれ…古墳がつくられるようになる →大和政権の王はのちに大王とよばれる 古墳の周囲には，埴輪が置かれた。 大陸から渡来人が移住するようになる 須恵器をつくる技術，漢字，儒学，仏教などを伝えた。
	5世紀	大和政権が九州地方北部から東北地方南部までを支配する

高句麗／北魏（北朝）／新羅／百済／宋（南朝）／伽耶（任那）

大和政権は新羅や高句麗と戦ったんだよ。

確認問題

1 次の文中の ① ～ ⑧ にあてはまる語句を，あとのア～クからそれぞれ選び，記号で答えましょう。

3世紀後半に，大和地方を中心とする地域に ① が生まれた。王や豪族の墓である ② がつくられるようになり，②の周囲には ③ が置かれた。4世紀に，朝鮮半島では，北部の ④ ，西部の ⑤ ，東部の ⑥ が勢力を争い，①は南部の ⑦ 地域の国々と⑤と結んで④や⑥と戦った。そのころ，大陸から日本列島に ⑧ が移住するようになり，須恵器をつくる技術や，漢字，儒学，仏教などを伝えた。

ア 古墳　イ 高句麗　ウ 渡来人　エ 大和政権
オ 百済　カ 埴輪　キ 伽耶（任那）　ク 新羅

朝鮮半島の国々と大和政権の関係をおさえよう。

① ② ③ ④ ⑤ ⑥ ⑦ ⑧

8

❷ 確認問題

✅ チェックしよう！を覚えられたか，確認する問題です。

年表などでまとめているポイントごとに確認することができます。

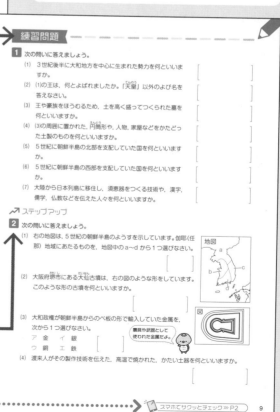

練習問題

1 次の問いに答えましょう。

(1) 3世紀後半に大和地方を中心に生まれた勢力を何といいますか。

(2) (1)の王は，何とよばれましたか。「天皇」以外のよび名を答えなさい。

(3) 王や豪族をほうむるため，土を高く盛ってつくられた墓を何といいますか。

(4) (3)の周囲に置かれた，円筒形や，人物，家屋などをかたどった土製のものを何といいますか。

(5) 5世紀に朝鮮半島の北部を支配していた国を何といいますか。

(6) 5世紀に朝鮮半島の西部を支配していた国を何といいますか。

(7) 大陸から日本列島に移住し，須恵器をつくる技術や，漢字，儒学，仏教などを伝えた人々を何といいますか。

↗ ステップアップ

2 次の問いに答えましょう。

(1) 右の地図は，5世紀の朝鮮半島のようすを示しています。伽耶（任那）地域にあたるものを，地図中のa～dから1つ選びなさい。

地図

(2) 大阪府堺市にある大仙古墳は，右の図のような形をしています。このような形の古墳を何といいますか。

(3) 大和政権が朝鮮半島からのべ板の形で輸入していた金属を，次から1つ選びなさい。
ア 金　イ 銀　ウ 銅　エ 鉄

農具や武器として使われた金属だよ。

(4) 渡来人がその製作技術を伝えた，高温で焼かれた，かたい土器を何といいますか。

❸ 練習問題

いろいろなパターンで練習する問題です。つまずいたら，✅ チェックしよう！や 確認問題 に戻ろう！

ヒントを出したり，解説したりするよ！

かっぱ

❹ ↗ ステップアップ

少し発展的な問題です。

ここから重要知識を一問一答形式で確認できます。くわしくは2ページへ

スマホでサクッとチェック》P2

9

1

ITCコンテンツを活用しよう！

使い方はカンタン！

本書には，QRコードを読み取るだけで利用できる ICT コンテンツが充実しています。

▶ 解説動画を見よう

❶ 各ページの QR コードを読み取る

スマホでもタブレットでもOK！
PCからは下のURLからアクセスできるよ。
https://cds.chart.co.jp/books/nxoqlvqtb3/sublist/001#2!

動画は**フルカラー**で
理解しやすい内容に
なっています。

❷ 動画を見る！

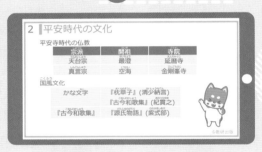

速度調節や
全画面表示も
できます

スマホでサクッとチェック 一問一答で知識の整理

下のQRコードから，重要知識をクイズ形式で確認できます。

1回10問だから，
スキマ時間に
サクッと取り組める！

PCから https://cds.chart.co.jp/books/nxoqlvqtb3/sublist/037#038

便利な使い方

ICTコンテンツが利用できるページをスマホなどのホーム画面に追加することで，毎回
QR コードを読みこまなくても起動できるようになります。くわしくは QRコードを読み
取り，左上のメニューバー「≡」▶「ヘルプ」▶「便利な使い方」をご覧ください。

QR コードは株式会社デンソーウェーブの登録商標です。内容は予告なしに変更する場合があります。
通信料はお客様のご負担となります。Wi-Fi 環境での利用をおすすめします。また，初回使用時は利用規約を必ずお読みいただき，同意いただい
た上でご使用ください。
ICT とは，Information and Communication Technology（情報通信技術）の略です。

目次

1 第1章 原始

人類の出現と世界の古代文明

✔チェックしよう！

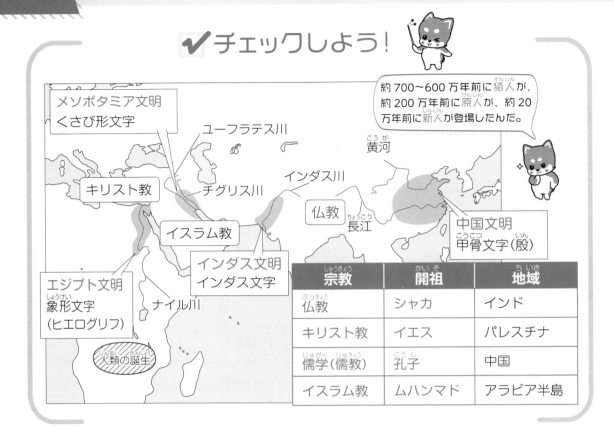

約700～600万年前に猿人が，約200万年前に原人が，約20万年前に新人が登場したんだ。

メソポタミア文明
くさび形文字

ユーフラテス川

黄河

キリスト教

チグリス川

インダス川

イスラム教

仏教

長江

インダス文明
インダス文字

中国文明
甲骨文字(殷)

エジプト文明
象形文字
(ヒエログリフ)

ナイル川

人類の誕生

宗教	開祖	地域
仏教	シャカ	インド
キリスト教	イエス	パレスチナ
儒学(儒教)	孔子	中国
イスラム教	ムハンマド	アラビア半島

確認問題

1 次の文中の ① ～ ⑧ にあてはまる語句を，あとのア～クからそれぞれ選び，記号で答えましょう。

　　人類は，アフリカで誕生し，① から原人，原人から ② へと進化した。人類が ③ 石器を使っていた時代を旧石器時代，④ 石器を使うようになった時代を新石器時代という。人類はやがて大河の流域に文明を築いた。ナイル川流域に ⑤ 文明，チグリス川とユーフラテス川流域に ⑥ 文明，インダス川流域に ⑦ 文明，黄河・長江流域に ⑧ 文明が築かれた。

ア インダス　　イ 新人　　ウ 打製　　エ エジプト

オ 中国　　カ メソポタミア　　キ 磨製　　ク 猿人

文明と川の名前をリンクさせよう。

①	②	③	④
⑤	⑥	⑦	⑧

練習問題

1 次の問いに答えましょう。

(1) 約200万年前に登場し，火を使ったり，言葉を発達させたりした人類を何といいますか。 [　　　　　]

(2) メソポタミア文明で使用されていた文字を何といいますか。 [　　　　　]

(3) 紀元前16世紀ごろに中国の黄河流域におこり，甲骨文字をつくった王朝を何といいますか。 [　　　　　]

(4) 紀元前6世紀ごろに，中国で孔子が説いた教えを何といいますか。 [　　　　　]

(5) 紀元前5世紀ごろに，インドに生まれたシャカが説いた教えを何といいますか。 [　　　　　]

(6) 紀元前後に，パレスチナ地方に生まれたイエスが説いた教えを何といいますか。 [　　　　　]

(7) 7世紀に，アラビア半島に生まれたムハンマドが説いた教えを何といいますか。 [　　　　　]

📈 ステップアップ

2 右の地図を見て，次の問いに答えましょう。

(1) 地図中の **A** におこった文明でつくられた王の墓を何といいますか。 [　　　　　]

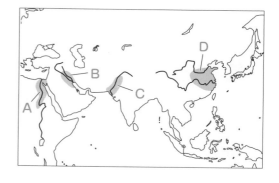

(2) 地図中の **B** におこった文明で発明された，月の運行に基づく暦を何といいますか。 [　　　　　]

(3) 地図中の **C** におこった文明は，何という川の流域にありましたか。次から1つ選びなさい。

　ア　チグリス川　　イ　黄河
　ウ　ナイル川　　　エ　インダス川

モヘンジョ・ダロという都市遺跡が有名だよ。 [　　　　　]

(4) 地図中の **D** におこった殷という王朝でつくられた，漢字のもととなった文字を何といいますか。

占いの結果を記すために使われたよ。 [　　　　　]

2 日本の成立

✔チェックしよう！

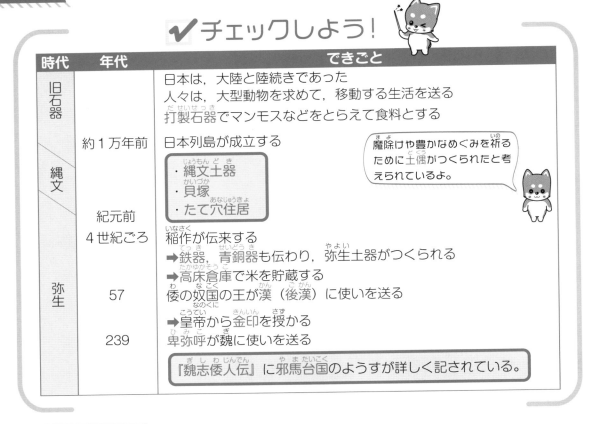

時代	年代	できごと
旧石器		日本は，大陸と陸続きであった 人々は，大型動物を求めて，移動する生活を送る 打製石器でマンモスなどをとらえて食料とする
縄文	約1万年前	日本列島が成立する ・縄文土器 ・貝塚 ・たて穴住居
弥生	紀元前4世紀ごろ	稲作が伝来する ➡鉄器，青銅器も伝わり，弥生土器がつくられる ➡高床倉庫で米を貯蔵する
	57	倭の奴国の王が漢（後漢）に使いを送る ➡皇帝から金印を授かる
	239	卑弥呼が魏に使いを送る 『魏志倭人伝』に邪馬台国のようすが詳しく記されている。

魔除けや豊かなめぐみを祈るために土偶がつくられたと考えられているよ。

確認問題

1 次の文中の ① ～ ⑧ にあてはまる語句を，あとのア～クからそれぞれ選び，記号で答えましょう。

> 約1万年前に氷期が終わり，日本列島が成立した。人々は，狩りや採集を行い，魚や貝をとって ① 土器で調理し，② に住んだ。紀元前4世紀ごろ，③ が伝来し，④ 土器がつくられるようになった。各地に小さな国ができ，争いが起こった。倭国の中で優位に立つために，奴国の王は ⑤ に使いを送り，⑥ を授かった。
> ⑦ の女王卑弥呼は，⑧ に使いを送り，⑥や銅鏡などを授かった。

ア　漢（後漢）　イ　邪馬台国　ウ　弥生　エ　たて穴住居

オ　稲作　　　　カ　金印　　　キ　縄文　　ク　魏

旧石器・縄文・弥生時代ごとに特徴を整理しよう。

1 次の問いに答えましょう。

(1) 低温で焼かれ，厚手で黒褐色で，表面に縄目の文様がついていることが多い土器を何といいますか。 [   ]

(2) (1)を使っていたころ，人々が，食べたあとの貝がらや土器，石器などを捨てた跡を何といいますか。 [   ]

(3) (1)を使っていたころ，魔除けや食料の豊かなめぐみを祈るためにつくられたと考えられている土製の人形を何といいますか。 [   ]

(4) 稲作が伝来したころつくられるようになった，(1)より高温で焼かれ，薄くてかたく，赤褐色をした土器を何といいますか。 [   ]

(5) 稲作とともに伝来した金属器は，青銅器ともう1つは何ですか。 [   ]

(6) 収穫した米をたくわえた，湿気を防ぐための工夫がされている倉庫を何といいますか。 [   ]

(7) 239年に中国の魏に使いを送った，邪馬台国の女王はだれですか。 [   ]

↗ ステップアップ

2 右の年表を見て，次の問いに答えましょう。

(1) 年表中の下線部①について，これより以前，人々がマンモスやオオツノジカなどを追って，移動しながら生活していた時代を何といいますか。

[   ]

年代	できごと
約1万年前	①日本列島が成立する
紀元前4世紀ごろ	②稲作が伝来する
57	倭の ③ の王が漢（後漢）に使いを送る
239	④卑弥呼が魏に使いを送る

(2) 年表中の下線部②について，稲作とともに伝来し，おもに祭りの道具として使われた金属器は何ですか。 [   ]

(3) 年表中の ③ にあてはまる国名を答えなさい。

[   ]

(4) 年表中の下線部④について，卑弥呼が女王となった国を何といいますか。

[   ]

この国は、倭の30ほどの小さな国々で成り立っていたよ。

1 日本の古代王権

✔チェックしよう！

解説動画も
チェック！

時代	年代	できごと
古墳	3世紀後半	大和政権(ヤマト王権)が生まれ，古墳がつくられるようになる ➡大和政権の王はのちに大王とよばれる 古墳の周囲には，埴輪が置かれた。 大陸から渡来人が移住するようになる 須恵器をつくる技術，漢字，儒学，仏教などを伝えた。
古墳	5世紀	大和政権が九州地方北部から東北地方南部までを支配する

高句麗
北魏（北朝）
百済
新羅
倭
宋（南朝）
伽耶（任那）

大和政権は新羅や高句麗と戦ったんだよ。

重要!!

確認問題

1 次の文中の ① ～ ⑧ にあてはまる語句を，あとのア～クからそれぞれ選び，記号で答えましょう。

> 3世紀後半に，大和地方を中心とする地域に ① が生まれた。王や豪族の墓である ② がつくられるようになり，②の周囲には ③ が置かれた。4世紀に，朝鮮半島では，北部の ④ ，西部の ⑤ ，東部の ⑥ が勢力を争い，①は南部の ⑦ 地域の国々や⑤と結んで④や⑥と戦った。そのころ，大陸から日本列島に ⑧ が移住するようになり，須恵器をつくる技術や，漢字，儒学，仏教などを伝えた。

ア 古墳　　イ 高句麗　　ウ 渡来人　　エ 大和政権

オ 百済　　カ 埴輪　　キ 伽耶（任那）　　ク 新羅

朝鮮半島の国々と
大和政権の関係を
おさえよう。

① | ② | ③ | ④

⑤ | ⑥ | ⑦ | ⑧

1 次の問いに答えましょう。

(1) 3世紀後半に大和地方を中心に生まれた勢力を何といいますか。

[   ]

(2) (1)の王は，何とよばれましたか。「天皇」以外のよび名を答えなさい。

[   ]

(3) 王や豪族をほうむるため，土を高く盛ってつくられた墓を何といいますか。

[   ]

(4) (3)の周囲に置かれた，円筒形や，人物，家屋などをかたどった土製のものを何といいますか。

[   ]

(5) 5世紀に朝鮮半島の北部を支配していた国を何といいますか。

[   ]

(6) 5世紀に朝鮮半島の西部を支配していた国を何といいますか。

[   ]

(7) 大陸から日本列島に移住し，須恵器をつくる技術や，漢字，儒学，仏教などを伝えた人々を何といいますか。

[   ]

↗ ステップアップ

2 次の問いに答えましょう。

(1) 右の地図は，5世紀の朝鮮半島のようすを示しています。伽耶(任那)地域にあたるものを，地図中の **a〜d** から1つ選びなさい。

[   ]

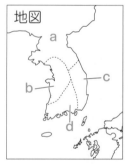
地図

(2) 大阪府堺市にある大仙古墳は，右の図のような形をしています。このような形の古墳を何といいますか。

[   ]

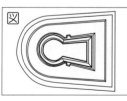
図

(3) 大和政権が朝鮮半島からのべ板の形で輸入していた金属を，次から1つ選びなさい。

ア 金　イ 銀
ウ 銅　エ 鉄

[   ]

農具や武器として使われた金属だよ。

(4) 渡来人がその製作技術を伝えた，高温で焼かれた，かたい土器を何といいますか。

[   ]

2 聖徳太子の政治と大化の改新

✔チェックしよう！

解説動画も
チェック！

時代	年代	できごと
飛鳥	593	聖徳太子が推古天皇の摂政となる ・冠位十二階の制度 ・十七条の憲法 ・遣隋使の派遣 《このころ，日本最初の仏教文化である飛鳥文化が栄えたんだ。法隆寺が有名だよ。》
	645	大化の改新が始まる 中大兄皇子と中臣鎌足が蘇我氏をほろぼし，中央集権国家の建設をめざした。
	663	白村江の戦い ➡百済の復興をめざして，朝鮮半島へ出兵した
	672	壬申の乱が起こる ➡天智天皇の死後，皇位争いが起こり，これに勝利した天武天皇が即位した

確認問題

1 次の文中の ① ～ ⑧ にあてはまる語句を，あとのア～クからそれぞれ選び，記号で答えましょう。

> 推古天皇の摂政となった ① は，有能な人物を取り立てるために ② の制度を定め，役人の心構えを示した ③ を制定した。また，中国の進んだ文化を取り入れるために ④ を派遣した。このころ，日本で最初の仏教文化である ⑤ が栄え，⑥ などが建てられた。①の死後，⑦ （のちの天智天皇）と中臣鎌足は，独裁的な政治を進めた蘇我氏をほろぼし，⑧ を始めた。

ア 中大兄皇子　イ 大化の改新　ウ 十七条の憲法　エ 飛鳥文化
オ 聖徳太子　カ 遣隋使　キ 冠位十二階　ク 法隆寺

重要語句を
確認しよう。

①	②	③	④

⑤	⑥	⑦	⑧

1 次の問いに答えましょう。

(1) 593 年に，推古天皇の摂政となった人物はだれですか。

[   ]

(2) (1)が定めた，有能な人物を取り立てるための制度を何といいますか。

[   ]

(3) (1)が定めた，役人の心構えを示したものを何といいますか。

[   ]

(4) (1)が，607 年に遣隋使として派遣した人物はだれですか。

[   ]

(5) (1)が建てた，現存する世界最古の木造建築物を何といいますか。

[   ]

(6) 中大兄皇子と中臣鎌足らが，蘇我氏をほろぼして中央集権国家の建設をめざした改革を何といいますか。

[   ]

(7) 中大兄皇子は，白村江の戦いのあと，大津宮（滋賀県）で即位して何天皇になりましたか。

[   ]

📈 ステップアップ

2 右の年表を見て，次の問いに答えましょう。

(1) 年表中の ① にあてはまる役職を答えなさい。

[   ]

年代	できごと
593	聖徳太子が ① となる
607	小野妹子を②中国に派遣する
645	③大化の改新が始まる
672	④ が起こる

(2) 年表中の下線部②について，このときの中国の王朝として正しいものを，次から1つ選びなさい。

ア 殷　　イ 漢
ウ 隋　　エ 秦

[   ]

進んだ文化を取り入れようとしたよ。

(3) 年表中の下線部③について，大化の改新を始めた人物を，次からすべて選びなさい。

ア 蘇我蝦夷　　イ 中大兄皇子
ウ 蘇我入鹿　　エ 中臣鎌足

[   ]

(4) 年表中の ④ にあてはまる，天智天皇のあとつぎをめぐる大友皇子と大海人皇子の争いを何といいますか。

勝利した人物は天武天皇となったよ。

[   ]

3 東アジアの緊張と律令国家, 天平文化

解説動画も
チェック!

✔チェックしよう!

時代	年代	できごと
飛鳥	618	隋が滅び，唐が中国を統一する ➡ 7世紀半ばになると，唐が高句麗に攻め入り，百済や新羅，倭では緊張が高まった
飛鳥	701	大宝律令が制定される
奈良	710	平城京に都が移される
奈良	724	聖武天皇が即位する ➡天平文化が栄える
奈良	741	国分寺と国分尼寺をつくる命令が出される
奈良	743	墾田永年私財法が制定される
奈良	752	東大寺の大仏が完成する

・班田収授法
・租・調・庸の税制

租	収穫量の約3％の稲
調	地方の特産物
庸	麻の布（労役の代わり）

・唐や仏教の影響を受けた国際色豊かな文化
・正倉院の宝物
・『古事記』『日本書紀』『風土記』『万葉集』

遣唐使が唐の制度や文化を伝えたよ。

確認問題

1 次の文中の ① ～ ⑧ にあてはまる語句を，あとのア～クからそれぞれ選び，記号で答えましょう。

> 701年に ① が制定され，天皇を頂点とする国家のしくみが定まった。人々には，② により口分田があたえられ，収穫量の約3％の稲を納める ③ という税や特産物を納める ④ ，布を納める ⑤ といった税が課された。710年には平城京に都が移され，聖武天皇が即位すると，仏教の力で国家を守るために，国ごとに ⑥ が，都には ⑦ が建てられ，⑦には大仏もつくられた。聖武天皇のころに最も栄えた ⑧ 文化は，遣唐使が中国から伝えた仏教や国際色豊かな文化の影響を受けている。

ア 調　イ 庸　ウ 天平　エ 東大寺

オ 租　カ 国分寺　キ 班田収授法　ク 大宝律令

大宝律令も天平文化も唐の影響が大きいんだね。

①	②	③	④

⑤	⑥	⑦	⑧

練習問題

1 次の問いに答えましょう。

(1) 隋より，律令に基づく支配の仕組みを引きつぎ，強大な帝国を作った国を何というか。 [　　　　　]

(2) 律令制度において，地方の特産物を納める税を何といいますか。 [　　　　　]

(3) 唐にわたり，日本に唐の制度や文化を伝えた使いを何といいますか。 [　　　　　]

(4) 743年に制定された，新しく開墾（かいこん）した土地は永久に私有してよいとする法律を何といいますか。 [　　　　　]

(5) 東大寺を建て，そこに大仏をつくらせた天皇はだれですか。 [　　　　　]

(6) (4)の愛用した美術工芸品などをおさめた，東大寺の倉庫を何といいますか。 [　　　　　]

(7) 日本の神話や日本という国の成り立ちをまとめた歴史書には，『日本書紀』のほかに何がありますか。 [　　　　　]

(8) 天皇や貴族のほか，防人（さきもり）や庶民（しょみん）のつくった和歌がおさめられている日本最古の和歌集を何といいますか。 [　　　　　]

↗ ステップアップ

2 右の年表を見て，次の問いに答えましょう。

(1) 年表中の下線部①について，律令制のもとで，国を治（おさ）めるために都から派遣された貴族がついた役職を何といいますか。

[　　　　　]

(2) 年表中の ② にあてはまる語句を答えなさい。

[　　　　　]

年代	できごと
701	①大宝律令が制定される
710	② に都が移される
743	③墾田永年私財法が出される
753	④ が来日する

(3) 年表中の下線部③について，この結果増えた貴族や寺社の私有地はやがて何とよばれるようになりましたか。

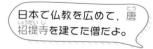

土地と人民は国家のものであるという原則がくずれちゃったね。

[　　　　　]

(4) 年表中の ④ にあてはまる唐から来た僧を，次から1人選びなさい。
ア 行基（ぎょうき）　イ 聖徳太子（しょうとくたいし）　ウ 鑑真（がんじん）　エ 空海

日本で仏教を広めて，唐（とう）招提寺（しょうだいじ）を建てた僧だよ。

[　　　　　]

スマホでサクッとチェック ≫ P2

13

4 藤原氏と摂関政治，国風文化

✔チェックしよう！

解説動画も
チェック！

時代	年代	できごと
平安	794	桓武天皇が平安京に都を移す
	894	菅原道真の提案で遣唐使が停止される
	936	高麗が朝鮮を統一する
	979	宋が中国を統一する
	1016	藤原道長が摂政になる
		天皇が幼いときは摂政，成人してからは関白の職について政治を行う摂関政治が全盛をむかえた。
	1053	藤原頼通が平等院鳳凰堂を建てる ➡浄土信仰を代表する阿弥陀堂

9世紀ごろ、征夷大将軍に任命された坂上田村麻呂は蝦夷を攻めたんだ。

日本人の生活や感情に合った文化のことだよ。

平安時代の仏教

宗派	開祖	寺院
天台宗	最澄	延暦寺
真言宗	空海	金剛峯寺

国風文化

かな文字	『枕草子』(清少納言)
『古今和歌集』	『源氏物語』(紫式部)

確認問題

1 次の文中の ① ～ ⑧ にあてはまる語句を，あとのア～クからそれぞれ選び，記号で答えましょう。

794年，桓武天皇が ① に都を移し，政治の改革を行った。9世紀の終わりに， ② の提案により遣唐使が停止された。11世紀の前半，藤原道長が摂政につき， ③ が全盛期をむかえた。そのころ，清少納言による『 ④ 』や，紫式部による『 ⑤ 』が生まれ，日本の風土や生活に合った文化である ⑥ が栄えた。道長の子の頼通は，念仏を唱えて極楽浄土に生まれ変わることを願う ⑦ に基づいて，京都の宇治に ⑧ を建てた。

ア 源氏物語　　イ 国風文化　　ウ 平等院鳳凰堂　　エ 平安京
オ 摂関政治　　カ 枕草子　　キ 菅原道真　　　　ク 浄土信仰

清少納言と紫式部の
作品名を間違えない
ようにしよう。

①	②	③	④

⑤	⑥	⑦	⑧

1 次の問いに答えましょう。

(1) 794年に平安京に都を移し，政治の改革を進めた天皇はだれですか。　[　　　　　]

(2) 唐がおとろえたため，894年に遣唐使の停止を提案した人物はだれですか。　[　　　　　]

(3) 1016年に摂政の職につき，自分の権力の大きさを歌によむほど勢力をほこった人物はだれですか。　[　　　　　]

(4) 宮廷での生活を記した随筆である『枕草子』を書いた人物はだれですか。　[　　　　　]

(5) 貴族の恋愛や生活のようすをえがいた長編小説である『源氏物語』を書いた人物はだれですか。

(6) 9世紀の初めに，最澄が唐から伝えた仏教の宗派を何といいますか。　[　　　　　]

(7) 阿弥陀如来にすがって念仏を唱え，極楽浄土への生まれ変わりを願う信仰を何といいますか。　[　　　　　]

↗ ステップアップ

2 右の年表を見て，次の問いに答えましょう。

(1) 年表中の　①　にあてはまる語句を答えなさい。　[　　　　　]

年代	できごと
794	① に都が移される
804	② が唐に渡る
979	③ が中国を統一する
1016	④藤原道長が摂政につく

(2) 年表中の　②　には，帰国後，日本で真言宗を広め，金剛峯寺を建てた僧があてはまります。この僧を，次から1人選びなさい。
ア 行基　　イ 最澄
ウ 鑑真　　エ 空海　[　　　　　]

(3) 年表中の　③　にあてはまる王朝を答えなさい。　[　　　　　]

(4) 年表中の下線部④について，藤原氏が天皇の代理あるいは補佐の職につき，実権をにぎって行った政治を何といいますか。

娘を天皇のきさきにし，生まれた子を天皇にして，勢力を強めたんだよ。

[　　　　　]

(5) (4)が行われていたころに栄えた文化を何といいますか。　[　　　　　]

第2章 古代

5 院政と武士

✔チェックしよう！

時代	年代	できごと
平安	935	平 将門の乱が起こる
	939	藤原純友の乱が起こる
		・武士団が成長し，源氏と平氏が有力になった。 ・源氏は東日本，平氏は西日本に勢力を広げた。
	1086	白河天皇が上皇となって院政を始める
		・藤原氏をおさえて政治を行った。 ・僧兵による強訴に対抗するため，武士の力を使った。
	1156	保元の乱が起こる
	1159	平治の乱が起こる ➡源氏が敗れ，平氏が実権をにぎった
	1167	平 清盛が，武士として初めて太政大臣になる ➡日宋貿易を行い，一族で朝廷の高い地位をしめた
	1185	源 頼朝の弟の源義経などに攻められ，壇ノ浦で平氏がほろびる

> 上皇や上皇のすまいを院といったんだ。

確認問題

1 次の文中の ① ～ ⑧ にあてはまる語句を，あとのア～クからそれぞれ選び，記号で答えましょう。

> 10世紀前半，平将門や藤原純友が ① を率いて乱を起こした。①の中でも ② と平氏が有力であった。11世紀後半，③ が政治の実権をにぎる ④ が始まった。③は，強訴を行う僧兵をおさえるため武士の力を使った。12世紀の中ごろ，④の実権をめぐって ⑤ が起こり，続いて ⑥ が起こった。⑥に勝利した ⑦ は，太政大臣になり，武家政権を開いた。しかし，平氏の政治は不満を集め，1185年，⑧ などによって，壇ノ浦で平氏はほろぼされた。

ア 源義経　　イ 院政　　ウ 上皇　　エ 平治の乱
オ 平清盛　　カ 源氏　　キ 武士団　　ク 保元の乱

> 武士はどうやって権力をにぎったのかな。

①	②	③	④
⑤	⑥	⑦	⑧

練習問題

1 次の問いに答えましょう。

(1) 935年に関東地方で乱を起こした人物はだれですか。

[ ]

(2) 939年に瀬戸内地方で乱を起こした人物はだれですか。

[ ]

(3) 東日本に勢力を広げた武士団は何氏ですか。

[ ]

(4) 位をゆずったあとの天皇を何といいますか。

[ ]

(5) (4)が実権をにぎって行った政治を何といいますか。

[ ]

(6) 1159年に起こり，平氏が政治の実権をにぎるきっかけと
なった戦いを何といいますか。

[ ]

(7) 武士として初めて太政大臣についた人物はだれですか。

[ ]

↗ ステップアップ

2 右の年表を見て，次の問いに答えましょう。

(1) 年表中の ① には，瀬戸内地方で乱
を起こした人物があてはまります。この
人物を，次から1人選びなさい。
ア　藤原純友　　イ　藤原鎌足
ウ　藤原道長　　エ　平将門

[ ]

年代	できごと
939	① の乱が起こる
1086	②院政が始まる
1167	③平清盛が ④ につく
1185	⑤平氏がほろびる

(2) 年表中の下線部②について，上皇となって
院政を始めた天皇を，次から1人選びなさい。
ア　聖武天皇　　イ　桓武天皇
ウ　白河天皇　　エ　推古天皇

> 上皇は天皇よりも自由
> に政治を行えたんだね。

[ ]

(3) 年表中の下線部③について，平清盛が貿易相手とした中国の王朝を，次から1つ選び
なさい。
ア　殷　　イ　秦　　ウ　唐　　エ　宋

[ ]

(4) 年表中の ④ にあてはまる朝廷の役職を何といいますか。

[ ]

(5) 年表中の下線部⑤について，平氏を壇ノ浦でほろぼした，源頼朝の弟はだれですか。

[ ]

スマホでサクッとチェック》P2

1 鎌倉幕府の成立

✔チェックしよう！

解説動画も
チェック！

時代	年代	できごと
鎌倉	1185	源 頼朝が守護と地頭の設置を朝廷に認めさせる ➡守護は国ごとに，地頭は荘園や公領ごとに設置された
	1192	源頼朝が征夷大将軍に任命される 将軍と御家人は御恩と奉公の関係。
	1221	後鳥羽上皇が承久の乱を起こす ➡幕府が勝利し，朝廷を監視するために京都に六波羅探題を置いた

将軍と御家人は
土地を仲立ちに
結ばれたんだ。

鎌倉幕府のしくみ

将軍 ── 執権（補佐）

〈中央〉
- 侍所…御家人の統率・軍事・警察
- 政所…財政・一般の政務
- 問注所…裁判

〈地方〉
- 六波羅探題…京都の警護・朝廷の監視・西日本の武士の統率
- 守護…国内の軍事・警察・御家人の統率
- 地頭…荘園や公領の管理・年貢の取り立て・警察

確認問題

1 次の文中の ① ～ ⑧ にあてはまる語句を，あとのア～クからそれぞれ選び，記号で答えましょう。

> 1185 年，① は国ごとに ② を，荘園や公領ごとに ③ を置くことを朝廷に認めさせた。鎌倉幕府を開いた①は，土地を仲立ちとした政治制度を整えた。将軍が御家人に ④ として領地を保護したり，新しい領地をあたえたりする代わりに，御家人は ⑤ として将軍のために命がけで戦った。①の死後，⑥ として実権をにぎった北条氏に対し，⑦ は勢力回復を図って，1221 年に ⑧ を起こしたが敗れた。

ア	後鳥羽上皇	イ	源頼朝	ウ	地頭	エ	御恩
オ	承久の乱	カ	奉公	キ	執権	ク	守護

土地を仲立ちとし
た主従関係を封建
制度というよ。

①	②	③	④

⑤	⑥	⑦	⑧

1 次の問いに答えましょう。

(1) 鎌倉を本拠地として幕府を開いた人物はだれですか。

[   ]

(2) (1)が1185年に，荘園や公領ごとに置くことを朝廷に認めさせた役職を何といいますか。

[   ]

(3) 将軍と主従関係によって結ばれた，直接の配下である武士を何といいますか。

[   ]

(4) 将軍が(3)の領地を保護したり，(3)に新しい領地をあたえたりすることを何といいますか。

[   ]

(5) (3)が幕府や御所の警備を行ったり，将軍のために命をかけて戦ったりすることを何といいますか。

[   ]

(6) 鎌倉幕府の打倒をめざして，後鳥羽上皇が起こした乱を何といいますか。

[   ]

(7) (6)の後，朝廷の監視を行うために，京都に置かれた役職を何といいますか。

[   ]

📈 ステップアップ

2 右の年表を見て，次の問いに答えましょう。

(1) 年表中の ① にあてはまる語句を答えなさい。

[   ]

年代	できごと
1185	① と地頭の設置が朝廷に認められる
1192	②源頼朝が征夷大将軍に任命される
1221	③承久の乱が起こる

(2) 年表中の下線部②が開いた幕府で，北条氏が独占した，将軍を補佐する役職を，次から1つ選びなさい。

ア 太政大臣　　イ 執権
ウ 地頭　　　　エ 摂政

[   ]

(3) 年表中の下線部③について，次の問いに答えなさい。

(a) 承久の乱を起こし，幕府をたおそうとしたのはだれか，答えなさい。

[   ]

(b) 承久の乱の際に，源頼朝の御恩を説いて，御家人たちの結束を強めた頼朝の妻はだれか，答えなさい。

頼朝の妻は，北条氏の一族だよ。

[   ]

スマホでサクッとチェック ≫ P2

第3章 中世

2 鎌倉時代の人々のくらしと鎌倉文化

✔チェックしよう！

☑ 武士の生活

・武芸の訓練を行い，「弓馬の道」などの心構えを重視した。

・農村に住み，領主として農業を営んだ。

・地頭は，荘園を管理し，年貢を取り立てた。

> 領地は分割相続され、女性にも分けあたえられたよ。

> 1232年に執権の北条泰時によって，御成敗式目が定められた。

☑ 民衆の生活

・牛馬の利用，草や木の灰の肥料，二毛作の開始。

・寺社の門前や交通の要所で定期市の開催。

☑ 鎌倉文化

・歌　集…『新古今和歌集』

・建　築…東大寺南大門金剛力士像（運慶ら）

・軍記物…『平家物語』（琵琶法師が語る）

・随　筆…『徒然草』（兼好法師）

新しい仏教
○念仏を唱える
　　法然―浄土宗
　　親鸞―浄土真宗（一向宗）
　　一遍―時宗
○題目を唱える
　　日蓮―日蓮宗（法華宗）
○座禅でさとりを開く
　　栄西，道元―禅宗

確認問題

1 次の文中の ① ～ ⑧ にあてはまる語句を，あとのア～クからそれぞれ選び，記号で答えましょう。

> 1232年に北条泰時は， ① を定めた。これは，御家人の権利や義務，領地の裁判などについての基準を定めた武士のための法である。農村では，米と麦の ② が始まるなど農業技術が発達した。手工業も発達し， ③ が寺社の門前などで開かれるようになった。また，法然が開いた ④ や親鸞が開いた ⑤ ，一遍が開いた ⑥ ，法華宗ともよばれた ⑦ などの新しい仏教が広まり，特に座禅でさとりを開く ⑧ は武士に信仰された。

ア　浄土真宗　　イ　定期市　　ウ　禅宗　　エ　二毛作

オ　御成敗式目　カ　日蓮宗　　キ　浄土宗　　ク　時宗

> 御成敗式目は貞永式目ともいわれるよ。

① ⬜　　② ⬜　　③ ⬜　　④ ⬜

⑤ ⬜　　⑥ ⬜　　⑦ ⬜　　⑧ ⬜

1 次の問いに答えましょう。

(1) 月に数回，決まった日に寺社の門前や交通の要所に商人が
集まり，商売を行った場を何といいますか。 [　　　　　　　]

(2) 後鳥羽上皇の命令で編集された歌集を何といいますか。 [　　　　　　　]

(3) 運慶らによってつくられ，東大寺南大門に納められた像を
何といいますか。 [　　　　　　　]

(4) 琵琶法師が各地に語り伝えた，源平の争乱をえがいた軍記
物の傑作を何といいますか。 [　　　　　　　]

(5) 日常生活で見聞きしたことをありのままにえがいた兼好法
師の随筆集を何といいますか。 [　　　　　　　]

(6) 念仏の札を配ったり，踊念仏を取り入れることで，教えを
広めようとした僧はだれですか。 [　　　　　　　]

(7) 中国から栄西や道元が伝えた，座禅によってさとりを開こ
うとする仏教の宗派を何といいますか。 [　　　　　　　]

📈 ステップアップ

2 右の資料を見て，次の問いに答えましょう。

(1) 資料1は，1232年に定められた，武士のための最
初の法律です。この法律を何といいますか。

[　　　　　　　]

資料1

> 一 武士が二十年の間，実際
> に土地を支配しているなら
> ば，その権利を認める。
> 　　　　　　　（部分要約）

(2) 資料1を制定した人物を，次から1人選びなさい。
ア 源頼朝　　イ 北条政子
ウ 後鳥羽上皇　エ 北条泰時

[　　　　　　　]

資料2

開祖	宗派名
（　①　）	浄土宗
（　②　）	浄土真宗
一遍	時宗
（　③　）	法華宗
栄西	臨済宗
道元	曹洞宗

(3) 鎌倉時代の仏教についてまとめた資料2中の（　①　）
～（　③　）にあてはまる開祖を，次からそれぞれ
1人ずつ選びなさい。

ア 日蓮　　イ 法然　　ウ 親鸞

鎌倉時代の新しい仏教は，わかり
やすく，信仰しやすかったよ。

① [　　　　] ② [　　　　] ③ [　　　　]

3 モンゴル帝国とユーラシア世界

✔チェックしよう！

解説動画も
チェック！

時代	年代	できごと
鎌倉	1206	チンギス・ハンがモンゴルを統一する
	1271	フビライ・ハンがモンゴル帝国の国号を元とする ➡元に従うようにと日本に使者を送ってきたが，執権の北条時宗がこれを退けた
	1274	文永の役が起こる ・元軍が博多湾岸に上陸した。 ・元軍は集団戦法と火器を使用した。
	1281	弘安の役が起こる ➡防塁（石の防壁）により元軍は上陸をはばまれた
	1297	徳政令を出す 御家人を救うため，借金帳消しの法律を制定した。
	1333	後醍醐天皇が楠木正成や足利尊氏の協力で，鎌倉幕府をほろぼす

元の二度の襲来を元寇というよ。二度目も暴風雨があって元軍は撤退したんだ。

確認問題

1 次の文中の　①　～　⑧　にあてはまる語句を，あとのア～クからそれぞれ選び，記号で答えましょう。

> 　モンゴル帝国の国号を　①　とし，都を大都（北京）に移した　②　は，日本を従えようと使者を何度も送ったが，執権　③　はこれを退けた。①は朝鮮半島の高麗を従えて日本に襲来し，1274年の　④　，1281年の　⑤　が起こった。④では　⑥　や集団戦法によって幕府軍は圧倒されたが，⑤では博多湾岸に築いた　⑦　が効力を発揮した。①の軍を追い返すことに成功した幕府であったが，その後は衰退していき，最終的に　⑧　によりほろぼされた。

ア　弘安の役　　イ　防塁　　ウ　文永の役　　エ　フビライ・ハン

オ　北条時宗　　カ　火器　　キ　後醍醐天皇　　ク　元

元寇のときの恩賞が十分にもらえず，御家人は不満を持ったよ。

　①

　②

　③

④

　⑤

　⑥

　⑦

⑧

1 次の問いに答えましょう。

(1) 13世紀初めにモンゴル民族(みんぞく)を統一した人物はだれですか。　[　　　　　　]

(2) 元に従うようにという，フビライ・ハンの要求を退けた，
当時の執権はだれですか。　[　　　　　　]

(3) 文永の役と弘安の役をあわせて何といいますか。　[　　　　　　]

(4) 元軍の博多湾岸への上陸を阻止(そし)するためにつくられた設備
を何といいますか。　[　　　　　　]

(5) 1297年に出された，御家人の借金の帳消しを命じる法令
を何といいますか。　[　　　　　　]

(6) 鎌倉幕府をほろぼした天皇はだれですか。　[　　　　　　]

(7) (6)に協力し，六波羅探題(ろくはらたんだい)に攻め込んだ，鎌倉幕府の有力御
家人はだれですか。　[　　　　　　]

↗ ステップアップ

2 右の年表を見て，次の問いに答えましょう。

(1) 年表中の下線部①について，元軍ととも
に日本に襲来した国を，次から1つ選び
なさい。

ア　新羅(しらぎ)　　イ　高麗
ウ　高句麗(こうくり)　エ　百済(くだら)　[　　　　　]

年代	できごと
1274	①文永の役が起こる
1297	②徳政令が定められる
1333	③鎌倉幕府がほろびる

(2) 年表中の下線部②について，この法令の内容として正しいものを，次から1つ選びな
さい。

ア　裁判の基準を示した，武家のための法律

イ　御家人の借金の帳消しを命じる法律

ウ　役人の心得(こころえ)を定めた法律

エ　開墾(かいこん)した土地の私有を認める法律

> この法令が出されても経済効果は一時的なものだったよ。

[　　　　　]

(3) 年表中の下線部③について，足利尊氏などが協力したことで，鎌倉幕府をほろぼすこ
とに成功した人物を，次から1人選びなさい。

ア　後醍醐天皇　　イ　後鳥羽上皇(ごとばじょうこう)　　ウ　聖武天皇(しょうむ)　　エ　天武天皇(てんむ)　[　　　　　]

4 室町幕府の成立と南北朝の内乱

✔チェックしよう！

解説動画も
チェック！

時代	年代	できごと
室町	1333	後醍醐天皇が建武の新政を始める
		公家を重視し，武家政治を否定したために，武士の間で不満が高まった。
	1336	足利尊氏が兵をあげ，京都に新たな天皇をたてる（北朝） ➡後醍醐天皇は吉野（奈良県）にのがれた（南朝）
	1338	北朝の天皇が足利尊氏を征夷大将軍に任命する 足利尊氏が京都に室町幕府を開く
	1392	第3代将軍足利義満が南北朝を統一する

朝廷が2つに分かれた南北朝時代は約60年も続いたんだよ。

☑ 室町幕府のしくみ

・将軍の補佐として管領を置く。
・守護の権限を強める。
　➡一国を支配する守護大名に成長した。
・鎌倉には鎌倉府を置く。

確認問題

1 次の文中の ① ～ ⑧ にあてはまる語句を，あとのア～クからそれぞれ選び，記号で答えましょう。

　天皇中心の政治の復活をめざし，後醍醐天皇が ① を行ったが，公家を重視する政策をとったため，武士の不満はつのり， ② が兵をあげた。後醍醐天皇は ③ にのがれ，ここに朝廷を置いたため，2つの朝廷が並びたつこととなった。②は ④ の天皇から将軍に任じられ， ⑤ を開いた。③の ⑥ と④は対立を続け，全国的な内乱が続いた。この時代を ⑦ 時代という。⑥は ⑧ によって，1392年に統一され，⑤は強力な組織となっていった。

ア 北朝	イ 足利尊氏	ウ 吉野	エ 建武の新政
オ 南朝	カ 足利義満	キ 南北朝	ク 室町幕府

建武の新政がどうして短命だったのかをおさえよう。

①	②	③	④
⑤	⑥	⑦	⑧

1 次の問いに答えましょう。

(1) 1333 年に鎌倉幕府をほろぼし，建武の新政を始めた人物 [   ]
はだれですか。

(2) 建武の新政に失敗し，吉野にのがれた(1)の側の朝廷を何と [   ]
いいますか。

(3) 1338 年に足利尊氏が京都に開いた幕府を何といいますか。 [   ]

(4) (2)と北朝が対立を続けた時代を何といいますか。 [   ]

(5) (2)と北朝の統一に成功した人物はだれですか。 [   ]

(6) (3)で，将軍の補佐を行う役職を何といいますか。 [   ]

(7) (3)で，地方政治を担当し，自分の領地を拡大して，独自の [   ]
支配をするまでに成長した守護を何といいますか。

📈 ステップアップ

2 右の年表を見て，次の問いに答えましょう。

(1) 年表中の ① にあてはまる，後醍醐
天皇が始めた天皇中心の政治を何といい
ますか。

[   ]

年代	できごと
1333	① が始まる
1336	②南北朝時代が始まる
1338	③室町幕府が開かれる

(2) 年表中の下線部②について，南朝の位置を，右の地図
中のア～エから1つ選びなさい。

[   ]

地図

(3) 年表中の下線部③について，次の問いに答えなさい。

(a) 室町幕府を開いた人物はだれですか。 [   ]

(b) 将軍を補佐する役職を，次から1つ選びなさい。

ア 管領　イ 六波羅探題
ウ 守護　エ 執権

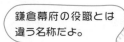

鎌倉幕府の役職とは
違う名称だよ。

[   ]

5 室町時代の外交と産業

解説動画も
チェック!

✔チェックしよう！

☑ 東アジアの情勢

①中国：14世紀に，漢民族の明が建国される。
→足利義満が日明貿易（勘合貿易）を始めた。

> 倭寇との区別のため勘合を用いた。
> 大量に銅銭（明銭）が輸入された。

大陸沿岸をおそう
西日本の武士や漁
民は，倭寇と恐れ
られたのだ。

②朝鮮：14世紀に，李成桂が朝鮮国を建国する。
ハングルという文字など，独自の文化が発展した。

③琉球：15世紀に，尚氏が琉球王国を建国する。

日本は朝鮮や琉球王
国との貿易や蝦夷地
のアイヌ民族との交
易も行ったんだ。

☑ 室町時代の産業と生活

・急速に産業が発達する。

> 馬借（陸上輸送業）や問（運送業兼倉庫業）が活躍した。
> 定期市が発達し，座（同業者組合）が営業を独占した。

・農村は自治組織（惣）をつくり，借金の帳消しを求める土一揆を起こすようになる。
→土倉や酒屋などの高利貸しをおそった。

確認問題

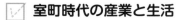

1 次の文中の ① ～ ⑧ にあてはまる語句を，あとのア～クからそれぞれ選び，
記号で答えましょう。

> 14世紀，大陸沿岸をあらす西日本の武士や漁民は ① として恐れられた。漢民族
> 国家の ② に①の取りしまりを求められ，将軍 ③ は①を禁止し，①と区別する
> ための ④ を持たせた船で貿易を始めた。その結果，日本に ⑤ が大量にもたら
> され， ⑥ での取り引きに利用された。⑥へ物資を輸送するための ⑦ などの活動
> が活発化した。手工業者や商人は同業者組合である ⑧ をつくり，営業を独占した。

ア　足利義満　　イ　座　　ウ　銅銭　　エ　馬借

オ　定期市　　カ　明　　キ　倭寇　　ク　勘合

日明貿易では、何を
輸入し，何を輸出し
たいかに注意しよう。

①	②	③	④

⑤	⑥	⑦	⑧

1 次の問いに答えましょう。

(1) 14世紀，大陸沿岸にあらわれ，貿易を強要したり，地域（ちいき）をあらしたりした西日本の武士や漁民を何といいますか。 [　　　　]

(2) (1)を禁止し，中国と朝貢（ちょうこう）貿易を始めた室町幕府（むろまちばくふ）の将軍はだれですか。 [　　　　]

(3) (2)が中国と行った貿易を何といいますか。 [　　　　]

(4) 朝鮮国でつくられた独自の文字を何といいますか。 [　　　　]

(5) 14世紀，津軽（つがる）（青森県（あおもり））の豪族（ごうぞく）である安藤（あんどう）氏が交易を行った，蝦夷地に住む先住民族を何といいますか。 [　　　　]

(6) 営業の独占を認められた，商人や手工業者などの同業者組合を何といいますか。 [　　　　]

(7) 有力農民を中心とした農村の自治組織を何といいますか。 [　　　　]

📈 ステップアップ

2 次の問いに答えましょう。

(1) 倭寇と正式な貿易船を区別するために用いた，右の資料1のような証明書を何といいますか。

資料1

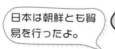
（日本は朝鮮とも貿易を行ったよ。）
[　　　　]

(2) 右の地図の島を統一し，尚氏が建国した国を何といいますか。 [　　　　]

地図

(3) 下の資料2は，借金の帳消しを求めて起こされた一揆の宣言文です。これについて，次の問いに答えなさい。

① このような一揆を何といいますか。 [　　　　]

② ①の一揆でおそわれたこの時代の高利貸しを，次から1つ選びなさい。

ア　土倉　　イ　座　　ウ　馬借　　エ　惣

[　　　　]

資料2

正長（しょうちょう）元年ヨリ サキ者，カンへ（べ）四カン （は） カウニヲキメアル （ごう）（い） ヘカラス （べ）（ず）

6 応仁の乱と戦国大名

解説動画も
チェック!

✔チェックしよう!

☑ **応仁の乱**（1467〜1477年）
・第8代将軍足利義政のあとつぎ問題などが原因。
　➡守護大名の細川氏と山名氏の対立。

> 応仁の乱で京都は焼け野原になったよ。幕府の力は低下し，下剋上の風潮が広まったんだ。

☑ **戦国大名**
・応仁の乱以後，戦国時代となり，戦国大名が登場する。

> 戦国時代を勝ち抜くために，城下町に商工業者をよび寄せ，経済を活発化させた。独自の分国法を定め，支配を強めた。

> 民衆の成長
> ・山城国一揆
> ・加賀の一向一揆

☑ **北山文化**
・建築…金閣（足利義満）
・芸能…能（能楽）（観阿弥・世阿弥親子）

☑ **東山文化**
・建築…銀閣（足利義政）：書院造
・絵画…水墨画（雪舟が大成）
・庭園…龍安寺の石庭（河原者）

☑ **民衆の文化**
・芸能…狂言
・文学…御伽草子

> 第3代将軍足利義満の時代には北山文化が，第8代将軍足利義政の時代には東山文化が栄えたよ。

確認問題

1 次の文中の ① 〜 ⑧ にあてはまる語句を，あとのア〜クからそれぞれ選び，記号で答えましょう。

> 　1467年，将軍のあとつぎ争いなどを背景に ① が始まった。約11年間の戦いで幕府の権力は低下し， ② の風潮が広がった。 ③ に代わって登場した ④ は，強力な軍を組織し，独自の ⑤ を定めて領国を統制した。一方，室町時代には文化が隆盛し，第3代将軍足利義満の時代には ⑥ が，第8代将軍足利義政の時代には， ⑦ が栄えた。⑦の時代には水墨画を大成させた ⑧ が活躍した。

ア 戦国大名　　イ 守護大名　　ウ 雪舟　　エ 東山文化
オ 下剋上　　　カ 分国法　　　キ 北山文化　　ク 応仁の乱

①	②	③	④
⑤	⑥	⑦	⑧

1 次の問いに答えましょう。

(1) 応仁の乱の原因となったあとつぎ問題が起こったときの将軍はだれですか。 [　　　　　　　]

(2) 応仁の乱後に広がった，実力のある下の者が上の者にとって代わる風潮を何といいますか。 [　　　　　　　]

(3) 観阿弥・世阿弥親子が大成した芸能を何といいますか。 [　　　　　　　]

(4) (3)の合間に演じられた，民衆の生活をよくあらわしたこっけいな演劇を何といいますか。 [　　　　　　　]

(5) 足利義満が京都の北山に建てた別荘（べっそう）を何といいますか。 [　　　　　　　]

(6) 床（とこ）の間（ま）などを設け，寺院の住居の様式を武家の住居に取り入れた建築様式を何といいますか。 [　　　　　　　]

(7) 中国で水墨画を学び，帰国後，日本の風景をえがいて名作を多く残したのはだれですか。 [　　　　　　　]

(8) 『浦島太郎（うらしまたろう）』や『一寸法師（いっすんぼうし）』などの，絵が入った物語を何といいますか。 [　　　　　　　]

↗ ステップアップ

2 右の年表を見て，次の問いに答えましょう。

(1) 年表中の ① にあてはまる，京都で起きた戦乱を何といいますか。

[　　　　　　　　　]

年代	できごと
1467	① が起こる（～1477）
1489	② が完成する

(2) (1)以後に登場した戦国大名が定めた，右の資料のような法律を何といいますか。

[　　　　　　　　　]

資料

> 一　けんかをした者は，いかなる理由による者でも処罰（しょばつ）する。　「甲州法度之次第（こうしゅうはっとのしだい）」

(3) 年表中の ② にあてはまる，足利義政が京都の東山の別荘に建てた建物を，次から1つ選びなさい。

ア　金閣　　　イ　銀閣
ウ　龍安寺　　エ　正倉院（しょうそういん）

書院造は現在の和室の元になったよ。

[　　　　　　　]

1 第4章 近世 中世ヨーロッパ・イスラム世界

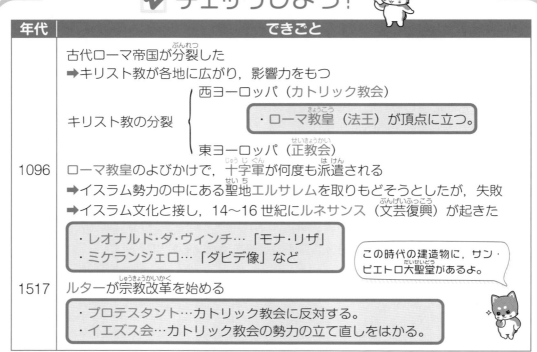

✔チェックしよう！

年代	できごと
	古代ローマ帝国が分裂した ➡キリスト教が各地に広がり，影響力をもつ キリスト教の分裂　西ヨーロッパ（カトリック教会）・ローマ教皇（法王）が頂点に立つ。／東ヨーロッパ（正教会）
1096	ローマ教皇のよびかけで，十字軍が何度も派遣される ➡イスラム勢力の中にある聖地エルサレムを取りもどそうとしたが，失敗 ➡イスラム文化と接し，14〜16世紀にルネサンス（文芸復興）が起きた ・レオナルド・ダ・ヴィンチ…「モナ・リザ」 ・ミケランジェロ…「ダビデ像」など
1517	ルターが宗教改革を始める ・プロテスタント…カトリック教会に反対する。 ・イエズス会…カトリック教会の勢力の立て直しをはかる。

この時代の建造物に，サン・ピエトロ大聖堂があるよ。

確認問題

1 次の文中の ① 〜 ⑧ にあてはまる語句を，あとのア〜クからそれぞれ選び，記号で答えましょう。

　中世ヨーロッパでは，キリスト教が栄え，西ヨーロッパでは ① が，東ヨーロッパでは ② が影響力を持っていた。キリスト教の聖地である ③ を取りもどすために，①の ④ が ⑤ を派遣したが，最終的に奪回には失敗した。のちに西ヨーロッパでは①に対する批判が強まり，⑥ によって宗教改革が始められた。一方，⑤の遠征は失敗に終わったが，遠征は新たな地域とのつながりをうみ，文化の面ではルネサンスが花開いた。⑦ の「モナ・リザ」や ⑧ の「ダビデ像」などの作品が有名である。

ア　ミケランジェロ　　イ　ローマ教皇　　ウ　十字軍　　エ　エルサレム
オ　カトリック教会　　カ　ルター　　　　キ　正教会　　ク　レオナルド・ダ・ヴィンチ

ルネサンスでは，古代ギリシャ・ローマ文化の復興を目指したよ。

① ② ③ ④
⑤ ⑥ ⑦ ⑧

練習問題

1 次の問いに答えましょう。

(1) カトリック教会で最も位の高い聖職者(せいしょくしゃ)の役職名を何といいますか。　[　　　　　]

(2) 現在のイスラエルとパレスチナにまたがる, キリスト教の聖地を何といいますか。　[　　　　　]

(3) (2)をイスラム勢力にうばわれた後, (1)が(2)を奪回するために派遣した軍を何といいますか。　[　　　　　]

(4) 14世紀に北イタリアで起こった, 古代ギリシャ・ローマの文化を復興する動きを何といいますか。　[　　　　　]

(5) レオナルド・ダ・ヴィンチの作品のうち, 謎(なぞ)の微笑(びしょう)をたたえる女性をえがいた絵画を何といいますか。　[　　　　　]

(6) カトリック教会を批判し, 宗教改革をおし進めていった人々を何といいますか。　[　　　　　]

(7) ザビエルなどが所属した, カトリック教会が(6)に対抗する改革の中心となった修道会を何といいますか。　[　　　　　]

↗ ステップアップ

2 右の地図を見て, 次の問いに答えましょう。

(1) 地図は, 十字軍開始時の宗教分布をあらわしたものです。①〜③は, 正教会・カトリック教会・イスラム教のいずれかを表しています。それぞれ記号にあてはまる宗派を選びなさい。

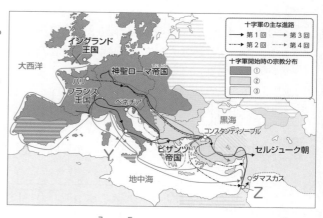

①[　　　　　]　②[　　　　　]　③[　　　　　]

(2) キリスト教の聖地とされるエルサレムはどこですか。地図上のX・Y・Zから, 1つ選びなさい。　[　　　　　]

(3) 地図上①の宗派に反発して, カルバンやルターらが行った活動を何といいますか。　[　　　　　]

ローマ教皇が免罪符を売り出したことに反発して起きたよ。

2 ヨーロッパ人の海外進出，信長と秀吉

✔チェックしよう！

解説動画も
チェック！

時代	年代	できごと
安土桃山		○織田信長の業績
	1560	桶狭間の戦いで今川義元を破る
	1573	室町幕府をほろぼす
	1575	長篠の戦いで武田勝頼を破る
	1577	安土城下で楽市・楽座を行う
		○豊臣秀吉の業績

ヨーロッパ人の海外進出	
1492	コロンブスがアメリカ大陸近くの西インド諸島に到達
1498	バスコ・ダ・ガマがインドに到達
1522	マゼランの船隊が世界一周に成功
1543	鉄砲が種子島に伝来
1549	ザビエルが日本にキリスト教を伝来

> 田畑の面積などを調べて予想収穫量や耕作者を記録し（太閤検地），農民から武器を取り上げ（刀狩），兵農分離を進めた。

	1590	全国統一が完成する
	1592	文禄の役 ┐
	1597	慶長の役 ┘ 朝鮮へ兵を派遣する

秀吉はバテレン追放令を出し，宣教師の国外追放を命じたよ。

桃山文化…壮大な城に狩野永徳らのはなやかな屏風絵が飾られ，千利休が大成した茶の湯は大名たちの間で流行した。

確認問題

1 次の文中の ① ～ ⑧ にあてはまる語句を，あとのア～クからそれぞれ選び，記号で答えましょう。

> 1543年，ポルトガル人によって ① が伝来し，1549年にはザビエルによって ② が伝来した。1560年になると，織田信長が ③ の戦いで今川義元を破った。さらに ④ の戦いで武田勝頼を破った信長は， ⑤ 城下で商工業の発展を図る ⑥ を行うなどの政策を行ったが，家臣の裏切りにあい，全国統一は果たせなかった。後継者となった豊臣秀吉は，全国の土地を調査する ⑦ と，農民から武器を取り上げる ⑧ を行うことで兵農分離を進め，1590年に全国統一を実現させた。

ア 安土　イ 桶狭間　ウ キリスト教　エ 刀狩

オ 鉄砲　カ 長篠　キ 太閤検地　ク 楽市・楽座

全国統一がどのように進められたのかをおさえよう。

①	②	③	④

⑤	⑥	⑦	⑧

練習問題

1 次の問いに答えましょう。

(1) スペインの援助を受け，1492年にアメリカ大陸近くの
西インド諸島ににたどり着いたのはだれですか。

[   ]

(2) 1543年に鉄砲は日本のどこに伝来しましたか。

[   ]

(3) 織田信長がとった，座を廃止し，安土城下に商人を招く経済
政策を何といいますか。

[   ]

(4) 全国の土地を調査し，予想収穫量を石高という統一基準で
記録した，豊臣秀吉の土地政策を何といいますか。

[   ]

(5) 農民を耕作に専念させ，一揆を防止するために，刀などの
武器を取り上げた，豊臣秀吉の政策を何といいますか。

[   ]

(6) (4)や(5)を行うことで，武士と農民の身分の区別を明確にす
ることを何といいますか。

[   ]

(7) 「唐獅子図屏風」などの，はなやかな屏風絵をえがいたのは
だれですか。

[   ]

(8) 茶の湯を大成した堺の商人はだれですか。

[   ]

↗ ステップアップ

2 右の年表を見て，次の問いに答えましょう。

(1) 年表中の下線部①について，織田信長が
京都から追放した将軍を，次から1人選
びなさい。

ア 足利義満 イ 足利義政
ウ 足利義昭 エ 足利尊氏

[   ]

年代	できごと
1573	①室町幕府がほろびる
1575	②長篠の戦いが起こる
1577	③楽市・楽座が行われる
1590	④全国統一が完成する

(2) 年表中の下線部②で，有効に使われた武器は何ですか。

[   ]

(3) 年表中の下線部③は，織田信長が琵琶湖のほとりにつくった城の城下町で行われまし
た。この城を何といいますか。

日本で初めて本
格的な天守を
もった城だよ。

[   ]

(4) 年表中の下線部④をなしとげた人物はだれですか。

[   ]

スマホでサクッとチェック ≫ P2

3 江戸幕府の成立と支配の広がり

✔チェックしよう！

解説動画も
チェック！

☑ **徳川家康の業績**

1600年 関ヶ原の戦いに勝利する。

1603年 征夷大将軍に任じられ、江戸幕府を開く。

1614，1615年の大阪の陣で、豊臣氏はほろぼされたよ。

☑ **幕藩体制**

・主要地を幕領とし、大名に1万石以上の領地をあたえ、支配させる（藩）。

> ・親藩…徳川氏の一族
> ・譜代大名…関ヶ原の戦い以前から徳川氏に従う
> ・外様大名…関ヶ原の戦い以後に徳川氏に従う

幕府政治は譜代大名などから任命された老中が行ったよ。

・武家諸法度によって大名を統制する。

　➡第3代将軍徳川家光が武家諸法度を改正し、参勤交代を制度化した。

・禁中並公家諸法度を制定し、京都所司代が朝廷を監視する。

☑ **身分制度**

・武士…支配身分として、名字・帯刀の特権を持つ。

・町人…商人や職人。地主や家持が自治を行い、営業税を納める。

・百姓…本百姓が自治を行う。五人組が年貢納入の連帯責任を負う。

確認問題

1 次の文中の ① ～ ⑧ にあてはまる語句を、あとのア～クからそれぞれ選び、記号で答えましょう。

> ① で勝利した ② は、1603年に征夷大将軍に任命され、 ③ を開いた。大名は、親藩と、①以前から従っていた ④ 大名、①以後に従った ⑤ 大名があり、 ⑥ によって統制された。徳川家光が制度化した ⑦ によって、大名は1年おきに江戸と領地に住むよう定められ、多くの出費を強いられた。幕府は、武士と百姓・町人という身分制度をかためた。幕府や藩は、百姓に ⑧ をつくらせ、年貢納入や犯罪の防止に連帯して責任を負わせた。

ア 参勤交代　　イ 譜代　　ウ 江戸幕府　　エ 関ヶ原の戦い

オ 五人組　　カ 徳川家康　　キ 外様　　ク 武家諸法度

江戸幕府が武士や百姓・町人をどのように統制したかおさえよう。

①	②	③	④
⑤	⑥	⑦	⑧

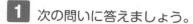

練習問題

1 次の問いに答えましょう。

(1) 徳川家康が勝利し，全国支配の実権をにぎることになった，1600年に起きた戦いを何といいますか。 [ ]

(2) 1615年の大阪の陣でほろんだ一族を何といいますか。 [ ]

(3) 大名の領地とその支配のしくみを何といいますか。 [ ]

(4) (1)以後に徳川氏に従った，江戸から離れた地域（ちいき）に領地をあたえられることが多かった大名を何といいますか。 [ ]

(5) (1)以前から徳川氏に従っていた，幕府の重要な職に任じられることも多かった大名を何といいますか。 [ ]

(6) (5)などが任じられた，将軍が任命し，幕府政治の中心をになう常設の役職を何といいますか。 [ ]

(7) 大名を統制するために制定した武家諸法度を改正し，参勤交代を制度化した将軍はだれですか。 [ ]

(8) 年貢の納入や犯罪の防止に連帯して責任を負わせるために，百姓たちの間につくらせた制度を何といいますか。 [ ]

↗ ステップアップ

2 右の資料を見て，次の問いに答えましょう。

(1) 資料1は江戸幕府のしくみです。資料1中の①・②にあてはまる語句を，次から1つずつ選びなさい。

ア 執権（しっけん）　　イ 老中

ウ 京都所司代　　エ 六波羅探題（ろくはらたんだい）

① [ ]　② [ ]

(2) 資料2の法律を何といいますか。 [ ]

(3) (2)に定められた，大名が1年おきに江戸と領地を行き来する制度を何といいますか。 [ ]

資料1

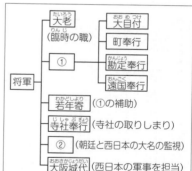

資料2

> ― 幕府の許可なしに婚姻（こんいん）を結んではならない。（部分要約）

> 江戸までの往復の費用や，生活費がたくさんかかったんだよ。

スマホでサクッとチェック≫ P2　　35

4 第4章 近世

江戸幕府と鎖国

✔ チェックしよう！

解説動画も
チェック！

時代	年代	できごと
江戸	1601	朱印船貿易が始まる
		徳川家康は朱印状を発行し，東南アジアとの貿易に努めた。 東南アジアの各地に，日本人が自治を行う日本町が生まれた。
	1612	幕領にキリスト教禁止令が出される
	1635	徳川家光が日本船の海外渡航・帰国を禁止する➡朱印船貿易を停止する
	1637	島原・天草一揆が起こる
	1639	ポルトガル船の来航を禁止する
	1641	オランダ商館を長崎の出島に移す

キリスト教徒を発見する
ために絵踏を行ったんだ。

✔ 江戸幕府の対外関係

①中国・オランダ…幕府が長崎で貿易を独占する。
②朝鮮…対馬藩（長崎県）の仲立ちで，国交が回復する。
　　　朝鮮通信使が日本を訪れる。
③琉球王国…薩摩藩（鹿児島県）が攻め込み，服属させる。
④蝦夷地…松前藩（北海道）がアイヌ民族との交易を独占する。
　　➡17世紀後半，首長シャクシャインが戦いを起こした。

幕府の禁教・貿易
統制・外交独占体
制を鎖国というよ。

確認問題

1 次の文中の ① ～ ⑧ にあてはまる語句を，あとのア～クからそれぞれ選び，記号で答えましょう。

　江戸時代初期，徳川家康は ① を積極的に進め，東南アジア各地に ② が生まれた。貿易とともに ③ が広まったため，1612年に幕領に③禁止令が出された。1637年， ④ が起こると，幕府は③の取りしまりを強めた。 ⑤ での貿易は，清と ⑥ に限定され， ⑦ とよばれる体制がとられたが， ⑧ や琉球王国，アイヌ民族との交流は行われ，⑧からは通信使が日本を訪れた。

ア　キリスト教　　イ　朝鮮　　　　ウ　長崎　　　　エ　日本町
オ　鎖国　　　　　カ　朱印船貿易　キ　オランダ　　ク　島原・天草一揆

海外との交流に
ついて4つの窓
口をおさえよう。

①	②	③	④

⑤	⑥	⑦	⑧

練習問題

1 次の問いに答えましょう。

(1) 江戸時代初期，徳川家康が積極的におし進めた，東南アジアに出向いて行われた貿易を何といいますか。 [ ]

(2) キリストや聖母マリアの像を利用した，キリスト教徒を見つけ出すための方法を何といいますか。 [ ]

(3) 幕府による，キリスト教を禁止し，幕府が貿易を統制し，外交を独占する体制を何といいますか。 [ ]

(4) (3)の下でも，長崎で貿易を許されたヨーロッパの国はどこですか。 [ ]

(5) 朝鮮との国交回復に力をつくした藩の名を答えなさい。 [ ]

(6) 将軍の代がわりごとに，朝鮮から差し向けられた祝賀の使節を何といいますか。 [ ]

(7) 17世紀後半，アイヌの人々が松前藩に対して起こした反乱の中心となった首長はだれですか。 [ ]

↗ ステップアップ

2 右の年表を見て，次の問いに答えましょう。

(1) 年表中の下線部①で，日本の船が出かけた地域を，次から1つ選びなさい。

　ア　西アジア　　イ　東南アジア
　ウ　南アジア　　エ　中央アジア

[ ]

年代	できごと
1601	①朱印船貿易が始まる
1637	② が起こる
1639	③ 船の来航が禁止される
1641	④平戸からオランダ商館を移す

(2) 年表中の ② にあてはまる，キリスト教徒への迫害や厳しい年貢の取り立てに苦しんだ九州地方の人々が起こした一揆を何といいますか。

[ ]

(3) 年表中の ③ にあてはまる国を，次から1つ選びなさい。

　ア　スペイン　　イ　イギリス
　ウ　ポルトガル　エ　アメリカ

キリスト教の布教に熱心だったんだよ。

[ ]

(4) 年表中の下線部④の平戸からオランダ商館はどこに移されましたか。

[ ]

スマホでサクッとチェック ≫ P2

第4章　近世

5 江戸時代の産業の発達

解説動画もチェック！

✔チェックしよう！

☑ **農業の発達**
・新田開発により，農地の面積が豊臣秀吉のころの約2倍に増える。
・備中ぐわ・千歯こき・唐箕などの農具が発達する。

☑ **交通路の整備**
・陸路…五街道の整備，宿場町の整備，関所の設置が行われる。
・海路…江戸－大阪間を菱垣廻船・樽廻船が往復し，東北や北陸地方の年貢米を
運ぶ西廻り航路・東廻り航路が開かれる。

諸藩は大阪に蔵屋敷を置き，船で米や特産物を運び，販売したんだ。

☑ **商工業の発展**

・江戸…人口100万人の「将軍のおひざもと」
・大阪…商業の中心で，「天下の台所」
・京都…文化の中心・西陣織などの工芸品
　　　　　　　　　　　　　　　　　　　　　三都

・都市では，商人による株仲間（同業者組合）が営業を独占する。
・両替商が貨幣の交換や金貸しによって経済力を持つ。
・18世紀に問屋制家内工業，19世紀に工場制手工業（マニュファクチュア）が発達。

確認問題

1 次の文中の ① ～ ⑧ にあてはまる語句を，あとのア～クからそれぞれ選び，記号で答えましょう。

　　幕府や諸藩は，年貢収入を増やすため，積極的に ① を開発し，深く耕せる ② や，効率よく脱穀できる ③ の登場で，収穫量が向上した。また，交通路が整備され，陸路では ④ ，海路では ⑤ や東廻り航路が開かれた。大阪には多くの ⑥ が置かれ，金融・経済の中心地として「天下の台所」とよばれた。農村では，18世紀になると農民に織機を貸して布を織らせ，製品を買い取る ⑦ が行われ，19世紀には工場をつくり，人を集めて分業で製品をつくる ⑧ も始まった。

ア　備中ぐわ　　イ　西廻り航路　　ウ　工場制手工業　　エ　千歯こき
オ　新田　　　　カ　問屋制家内工業　キ　五街道　　　　ク　蔵屋敷

農業や産業の発達によって，生産力が高まっていったよ。

①	②	③	④

⑤	⑥	⑦	⑧

1 次の問いに答えましょう。

(1) 江戸を起点とする，東海道・中山道・奥州道中・日光道中・甲州道中をまとめて何といいますか。 [　　　　　]

(2) 江戸—大阪間を往復し，主に酒を運んだ船を何といいますか。 [　　　　　]

(3) 商業や金融の中心であった大阪は何とよばれていましたか。 [　　　　　]

(4) 米や特産物を販売するために，諸藩が大阪に置いたものは何ですか。 [　　　　　]

(5) 幕府や藩に税を納めるかわりに，商人が営業を独占する権利を認められた同業者組合を何といいますか。 [　　　　　]

(6) 金貨・銀貨の交換や金貸しを営む商人を何といいますか。 [　　　　　]

(7) 問屋が農民に織機を貸して布を織らせ，できた布を買い取る生産方式を何といいますか。 [　　　　　]

↗ ステップアップ

2 右の地図を見て，次の問いに答えましょう。

(1) 地図中の a～e は五街道を示しています。東海道にあたるものを，a～e から１つ選びなさい。

飛脚が走って，手紙や荷物を運んだよ。

[　　　　　]

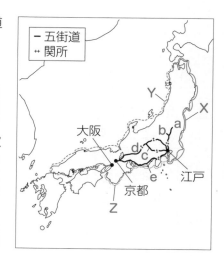
凡例 — 五街道　＋＋ 関所

(2) 菱垣廻船が運航していた航路を，地図中の X～Z から１つ選びなさい。 [　　　　　]

(3) 地図中の Y の航路の名を何といいますか。 [　　　　　]

(4) 地図中の江戸や大阪などでは商人が同業者組合をつくり，幕府に税を納めるかわりに営業を独占していました。この同業者組合にあたるものを，次から１つ選びなさい。

　ア　両替商　　イ　座
　ウ　株仲間　　エ　土倉

[　　　　　]

6 幕府政治の動き

✔チェックしよう！

解説動画も
チェック！

時代	年代	できごと
江戸	1680	徳川綱吉が第5代将軍になる ➡生類憐みの令を制定し，儒学（朱子学）を奨励した
	1716	第8代将軍徳川吉宗が享保の改革を始める 上げ米の制，新田開発，公事方御定書，目安箱など
	1772	田沼意次が老中になる ➡株仲間の結成や貿易を奨励した
	1787	老中松平定信が寛政の改革を始める 都市への出かせぎの制限，米の備蓄，朱子学の奨励，旗本・御家人の借金の帳消し，出版・風俗の統制など
	1837	大塩の乱が起こる
	1841	老中水野忠邦が天保の改革を始める ・株仲間の解散，出かせぎ農民の帰村，出版・風俗の統制など ・江戸・大阪周辺を幕領にしようとして失敗した。

百姓一揆や打ちこわしが増えたんだ。

確認問題

1 次の文中の　①　～　⑧　にあてはまる語句を，あとのア～クからそれぞれ選び，記号で答えましょう。

　　第5代将軍　①　のころ，幕府の財政は悪化した。第8代将軍徳川吉宗は，　②　で政治の立て直しを図り，新田開発や裁判の基準となる　③　の制定，民衆の意見を聞く　④　の設置などを行った。田沼意次は　⑤　の結成を奨励するなど，商業を重視したが失脚し，その後の松平定信による　⑥　は厳しい統制を加えたことなどから，人々の反感を買った。1837年，大阪でもと役人の　⑦　が乱を起こし，幕府は衝撃を受け，水野忠邦が　⑧　に取り組んだが，失敗した。

ア　大塩平八郎　　イ　寛政の改革　　ウ　公事方御定書　　エ　享保の改革
オ　徳川綱吉　　　カ　天保の改革　　キ　株仲間　　　　　ク　目安箱

だれがどんな改革を進めたかきちんと区別しよう。

| ① | ② | ③ | ④ |

| ⑤ | ⑥ | ⑦ | ⑧ |

1 次の問いに答えましょう。

(1) 享保の改革に取り組んだ第8代将軍はだれですか。

[   ]

(2) (1)が定めた，裁判の基準となる法律を何といいますか。

[   ]

(3) 株仲間の結成を積極的に奨励し，商工業者の経済力で財政の立て直しを図った老中はだれですか。

[   ]

(4) 農村で起きた，年貢の軽減や代官の交代を求める暴動を何といいますか。

[   ]

(5) 都市で起きた，米の買い占めをした商人などを襲う暴動を何といいますか。

[   ]

(6) 旗本や御家人の借金を帳消しにするなどの寛政の改革に取り組んだ老中はだれですか。

[   ]

(7) 1837年に大阪で乱を起こした，もと大阪町奉行所の役人はだれですか。

[   ]

(8) 株仲間を解散させるなどの天保の改革に取り組んだ老中はだれですか。

[   ]

📈 ステップアップ

2 右の人物について，次の問いに答えましょう。

(1) 江戸幕府の財政を立て直すために，さまざまな政策を行った右のA〜Dの人物を，年代の古い順に並べかえなさい。

[   ] ⇒ [   ] ⇒ [   ] ⇒ [   ]

> A 水野忠邦
> B 田沼意次
> C 徳川吉宗
> D 松平定信

(2) 次のことがらを行った人物を，A〜Dから1人ずつ選びなさい。

① 貿易を奨励し，印旛沼の干拓を始めた。

② 昌平坂学問所で朱子学以外の学問を禁止した。

③ 株仲間を解散させた。

④ 大名の江戸滞在期間を半年にする代わりに，米を納めさせた。

①[   ] ②[   ] ③[   ] ④[   ]

(3) Cの人物が行った改革を何といいますか。

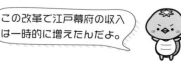

この改革で江戸幕府の収入は一時的に増えたんだよ。

[   ]

7 江戸時代の文化

✔チェックしよう！

☑ 元禄文化

17世紀末〜18世紀初めに，上方（京都・大阪）を中心として栄えた町人文化。

・浮世草子…井原西鶴
・人形浄瑠璃の脚本…近松門左衛門
・俳諧…松尾芭蕉
・装飾画…尾形光琳
・浮世絵…菱川師宣

儒学は第5代将軍徳川綱吉によって奨励されたんだ。特に，身分秩序を大切にする朱子学は広く学ばれたよ。

☑ 新しい学問

・本居宣長が『古事記伝』を著し，国学を大成した。
・蘭学がさかんになり，杉田玄白らは『解体新書』を出版，伊能忠敬は日本地図を作成した。

☑ 化政文化

庶民は寺子屋で学び，武士の教育は藩校で行われたよ。

19世紀前半に，江戸を中心として栄えた町人文化。

・浮世絵…喜多川歌麿（美人画），葛飾北斎・歌川（安藤）広重（風景画）
・俳句…与謝蕪村・小林一茶

確認問題

1 次の文中の ① 〜 ⑧ にあてはまる語句を，あとのア〜クからそれぞれ選び，記号で答えましょう。

17世紀末から上方を中心に栄えた ① 文化では，浮世草子を書いた ② ，人形浄瑠璃の脚本を書いた ③ ，俳諧を芸術にまで高めた ④ らが有名である。19世紀初めから江戸を中心に栄えた ⑤ 文化では，錦絵とよばれる多色刷りの版画で，美人画の ⑥ ，風景画の ⑦ や歌川広重が人気を集めた。また，⑧ が国学を大成するなど新しい学問もおこった。

ア 近松門左衛門　イ 化政　ウ 元禄　エ 葛飾北斎
オ 喜多川歌麿　カ 松尾芭蕉　キ 本居宣長　ク 井原西鶴

各文化や各学問の特徴をおさえよう。

①	②	③	④

⑤	⑥	⑦	⑧

練習問題

1 次の問いに答えましょう。

(1) 『曽根崎心中』など，町人の義理と人情をえがき，人々の
人気を集めたのはだれですか。

[ ]

(2) 菱川師宣が始めた，町人の風俗をえがく絵画を何と
いいますか。

[ ]

(3) 葛飾北斎と並んで(2)の風景画を得意とし，「東海道五十三次」
などの作品をえがいたのはだれですか。

[ ]

(4) オランダ語でヨーロッパの文化などを学ぶ学問を何と
いいますか。

[ ]

(5) ヨーロッパの解剖学の本を翻訳し，『解体新書』を出版した
のはだれですか。

[ ]

(6) 幕府の命令で，全国を測量して歩き，ほぼ正確な日本地図を
作成したのはだれですか。

[ ]

(7) 庶民の子弟が，読み・書き・そろばんを学びに行った施設を
何といいますか。

[ ]

↗ ステップアップ

2 次の文章を読んで，あとの問いに答えましょう。

> 17世紀末〜18世紀初めに，①上方を中心に町人文化が栄えた。18世紀末には，本居宣長が『 ② 』を著して，国学を大成し，同じころ，杉田玄白らが『解体新書』を出版し，③蘭学の基礎が築かれた。19世紀初め〜19世紀中ごろには，江戸を中心に町人文化が栄えた。この文化を ④ 文化という。

(1) 文章中の下線部①にあてはまる都市を，次から1つ選びなさい。

ア 名古屋 　　イ 博多
ウ 大阪 　　エ 鎌倉

[ ]

(2) 文章中の ② にあてはまる書名を答えなさい。

[ ]

(3) 文章中の下線部③は，何語を通じてヨーロッパの文化などを学ぶ学問ですか。

[ ]

(4) 文章中の ④ にあてはまる語句を答えなさい。

川柳や狂歌も流行したんだよ。

[ ]

スマホでサクッとチェック ≫ P2　　　43

8 イギリス・アメリカ・フランスの革命

✔チェックしよう！

☑ **イギリスの革命**

・17世紀半ば　ピューリタン革命が起こる。
➡王政が廃止され，共和政が実現する。
・1688～89年　名誉革命が起こる。
➡「権利の章典」で，国王の力が制限される。
・18世紀後半，産業革命が始まる➡資本主義が発達する。

立憲君主制と議会政治の確立

啓蒙思想家	
ロック	社会契約説
モンテスキュー	三権分立
ルソー	人民主権

ヨーロッパの近代革命には啓蒙思想家が大きな影響を与えたよ。

☑ **アメリカの革命**

・1776年　アメリカ独立戦争を経て，独立宣言が出される。

アメリカ合衆国の誕生（初代大統領はワシントン）
共和政を定めた合衆国憲法の制定

・1861年　南北戦争が起こる➡リンカン大統領のもとで勝利，奴隷解放宣言

☑ **フランスの革命**

・1789年　フランス革命が起こり，人権宣言が出される。
➡革命の広がりをおそれて周囲の国々が軍隊を送ったため，戦争へ。
➡外国との戦争で活躍したナポレオンが権力を握る。

確認問題

1 次の文中の　①　～　⑧　にあてはまる語句を，あとのア～クからそれぞれ選び，記号で答えましょう。

> ヨーロッパでは国王が強大な権力をにぎる絶対王政が行われていたが，まず　①　で
> ②　革命が起き，その後の名誉革命で議会政治が確立した。①が　③　にもっていた植
> 民地に重税を課すと，植民地側は抵抗し，独立戦争を起こして，　④　を発表した。その後，
> ⑤　でも革命が起こり，自由と平等，人民主権をうたった　⑥　が発表された。①では，
> 科学技術の発展を背景に，18世紀後半に　⑦　が起こり，　⑧　が発達した。

ア　アメリカ　　イ　資本主義　　ウ　フランス　　エ　人権宣言
オ　独立宣言　　カ　産業革命　　キ　ピューリタン　　ク　イギリス

国ごとに市民革命の流れをおさえよう。

①	②	③	④

⑤	⑥	⑦	⑧

1 次の問いに答えましょう。

(1) イギリスではピューリタン革命が成功すると, 王政が
廃止され, 何という政治が始まりましたか。 [   ]

(2) イギリスで「権利の章典」が制定され, 議会政治の基礎_{き そ}が
確立した, 1688年に起こった革命を何といいますか。 [   ]

(3) 1776年にアメリカで発表された, すべての人に人権が
あたえられていることをうたった文書を何といいますか。 [   ]

(4) アメリカ独立戦争を経て成立したアメリカ合衆国は人民
主権や三権分立を柱とする何を制定しましたか。 [   ]

(5) フランス革命で発表された, 人はみな人権を有することを
うたった宣言文を何といいますか。 [   ]

(6) 社会は基本的人権をもつ個人どうしの契約で成り立ち,
政府もその個人との契約のもとにつくられるべきと説いた,
イギリスの思想家とはだれですか。 [   ]

(7) 1861年に, 奴隷制や貿易をめぐってアメリカで起こった,
北部と南部の戦争を何といいますか。 [   ]

(8) (7)が行われていた1863年に, 奴隷解放宣言を発表したア
メリカの大統領はだれですか。 [   ]

📈 ステップアップ

2 右の資料をみて, 次の問いに答えましょう。

(1) 資料1が宣言されたあと, この国の初代大統領
に就任した人物とはだれですか。

[   ]

資料1

> 独立宣言（部分要約）
> 　我々は以下のことを自明の
> 真理であると信じる。…

(2) 資料2を宣言した国を, 次から1つ選びなさい。
ア　アメリカ　　イ　フランス
ウ　イギリス　　エ　ドイツ [   ]

資料2

> 人権宣言（部分要約）
> 第一条　人はうまれながらに,
> 自由で平等な権利を持つ。…

資料3

> 権利の章典（部分要約）
> 第一条　議会の同意なしに, 国王
> の権限によって法律とその効力を
> 停止することは違法である。…

(3) 資料1より前の時代に発表されたのは資料2と
資料3のどちらですか。

[   ]

スマホでサクッとチェック ≫ P2

9 欧米のアジア侵略と日本の開国

✔ チェックしよう！

解説動画も
チェック！

時代	年代	できごと
江戸	1825	出没する外国船に対する異国船打払令を出す
	1853	アメリカのペリーが浦賀に来航する
	1854	日米和親条約を結ぶ（下田・函館を開港）
	1858	日米修好通商条約を結ぶ ・函館・新潟・神奈川（横浜）・兵庫（神戸）・長崎で貿易。 ・領事裁判権を認め，日本は関税自主権をもたない不平等条約。
	1866	尊王攘夷運動を大老の井伊直弼が弾圧する（安政の大獄） 薩長同盟を結び，倒幕をめざす ・薩摩藩…西郷隆盛，大久保利通 ・長州藩…木戸孝允
	1867	第15代将軍徳川慶喜が大政奉還をする ➡朝廷が王政復古の大号令を宣言する
	1868	戊辰戦争が起こる

欧米のアジア侵略	
1840	アヘン戦争➡南京条約
1851	太平天国の乱
1857	インド大反乱

確認問題

1 次の文中の ① ～ ⑧ にあてはまる語句を，あとのア～クからそれぞれ選び，記号で答えましょう。

> 1853年に来航したアメリカのペリーとの交渉によって，翌年，① が結ばれ，1858年には不平等な ② を結ぶこととなった。このような幕府の政策に対して不満が高まると，大老の ③ は幕府に反対する者を厳しく処分したが，1860年に暗殺された。1866年に ④ が結ばれ，倒幕の気運が高まると，翌年には徳川慶喜が政権を朝廷に返す ⑤ が行われ，天皇中心の政治にもどす ⑥ が出された。一方，19世紀後半には欧米のアジア侵略が進み，イギリスが1840年の ⑦ に勝利したあと，重税を課された清では ⑧ が起きた。

ア 日米修好通商条約　イ 日米和親条約　ウ 大政奉還　エ アヘン戦争

オ 王政復古の大号令　カ 井伊直弼　キ 薩長同盟　ク 太平天国の乱

江戸幕府滅亡まで
の流れをおさえよ
う。

 ①

 ②

 ③

④

 ⑤

 ⑥

⑦

⑧

1 次の問いに答えましょう。

(1) 1825 年，鎖国体制を守るために，日本近海に出没する
外国船の追放を命じた法令を何といいますか。　[　　　　　]

(2) アメリカの船に食料や水，石炭を供給するために下田と函
館を開港することなどを定めた条約を何といいますか。　[　　　　　]

(3) 1858 年に結ばれた日本に関税自主権がなく，領事裁判権を
アメリカに認めた条約を何といいますか。　[　　　　　]

(4) 幕末に，薩摩藩において，大久保利通とともに政治の実権
をにぎったのはだれですか。　[　　　　　]

(5) 薩摩藩と長州藩は倒幕をめざして協力体制をとるため，何を
結びましたか。　[　　　　　]

(6) アヘン戦争の結果，清とイギリスが締結したイギリスに
有利な不平等条約を何といいますか。　[　　　　　]

(7) 1857 年にインド兵が起こした反乱をきっかけに，インド
全土に広まったイギリスに対する反乱を何といいますか。　[　　　　　]

📈 ステップアップ

2 右の年表を見て，次の問いに答えましょう。

(1) 年表中の下線部①で開港された 2 港は，
下田ともう 1 つはどこですか。右の地図
中のア〜エから 1 つ選びなさい。

[　　　　　]

年代	できごと
1854	①日米和親条約が結ばれる
1858	②日米修好通商条約が結ばれる
1867	③大政奉還が行われる
1868	④ が起こる

(2) 年表中の下線部②により始まった貿易で，
日本の最大の輸出品となったものを，次
から 1 つ選びなさい。
ア　綿織物　　イ　毛織物
ウ　生糸　　　エ　茶　　[　　　　　]

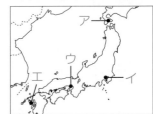

(3) 年表中の下線部③を行った，江戸幕府の最後の将軍はだれですか。

[　　　　　]

(4) 年表中の ④ にあてはまる，新政府軍が幕府軍に勝利した内戦を答えなさい。

鳥羽・伏見で始まって，
函館で終わった内戦だよ。

1 明治維新(1)

解説動画も
チェック!

✔チェックしよう！

時代	年代	できごと
明治	1868	五箇条の御誓文が定められる ➡政治方針を神に誓った
	1869	版籍奉還が行われる ➡土地（版）と人民（籍）を政府に返させた
	1871	廃藩置県が行われる ➡藩を廃止して県を置き，各県に県令を置いた 解放令が出される
	1872	学制が定められる 官営模範工場の富岡製糸場がつくられる
	1873	徴兵令が出される 地租改正が行われる

新政府が行った改革，社会の動きを明治維新というんだ。

富国強兵，殖産興業をめざす。

地券を発行し，地価の３％を現金で納めさせたが，各地で地租改正一揆が起こり，1877年には，地租を地価の2.5％に引き下げた。

確認問題

1 次の文中の　①　～　⑧　にあてはまる語句を，あとのア～クからそれぞれ選び，記号で答えましょう。

　　新政府は，政治方針を　①　として定め，新国家建設をめざして，大名から土地と人民を政府に返させる　②　，藩を廃止して県を置く　③　を行った。また，富国強兵の政策として，1872年に，6歳以上の男女に小学校教育を受けさせる　④　，1873年に，満20歳以上の男子を兵役につかせる　⑤　，新税制度の　⑥　を実施し，　⑦　などの官営模範工場も建設した。これら一連の改革，社会の動きを　⑧　とよぶ。

ア　地租改正　　イ　徴兵令　　ウ　明治維新　　エ　五箇条の御誓文
オ　廃藩置県　　カ　学制　　キ　版籍奉還　　ク　富岡製糸場

新政府は近代国家をつくるためにどのような政策を進めたのかな。

①	②	③	④

⑤	⑥	⑦	⑧

1 次の問いに答えましょう。

(1) 「広ク会議ヲ興シ万機公論ニ決スベシ」で始まる，新政府の
政治方針を示したものを何といいますか。

[ ]

(2) 大名から土地と人民を政府に返させ，藩主を知藩事として
そのまま藩の政治にあたらせたことを何といいますか。

[ ]

(3) 「えた」や「ひにん」のよび名を廃止し，身分や職業を平民
と同じとすることを定めた法令を何といいますか。

[ ]

(4) 1872 年に定められた，6 歳以上の子どもに教育を受けさせる
ことを義務とした制度を何といいますか。

[ ]

(5) 満 20 歳以上の男子は，士族，平民に関係なく兵役の義務を負う
ことを定めた法令を何といいますか。

[ ]

(6) 土地所有者に地券を発行し，土地の価格（地価）の 3%を
地租として現金で納めさせた税制度改革を何といいますか。

[ ]

(7) 近代産業を育てるため，富岡製糸場などの官営模範工場を
建設した政策を何といいますか。

[ ]

ステップアップ

2 右の年表を見て，次の問いに答えましょう。

(1) 年表中の ① にあてはまる，政府が
全国を直接支配する中央集権国家の建設
のための政策を答えなさい。

[ ]

年代	できごと
1871	① が行われる
1872	②学制が制定される
	③富岡製糸場が建設される
1873	④地租改正が行われる

授業料は，各自
が負担したよ。

(2) 年表中の下線部②について，この制度の
対象者として正しいものを，次から 1 つ
選びなさい。

ア　6 歳以上の男子　　イ　6 歳以上の男女
ウ　20 歳以上の男子　　エ　20 歳以上の男女

[ ]

(3) 年表中の下線部③について，富岡製糸場の位
置を，右の地図中のア〜エから 1 つ選びなさい。

[ ]

(4) 年表中の下線部④について，最初，地租の税率
は地価の何%でしたか。

[ ]

2 明治維新(2)

解説動画も
チェック!

✔チェックしよう!

時代	年代	できごと
明治	1871	岩倉使節団を欧米へ派遣する 日清修好条規が結ばれる 岩倉使節団は，帰国後，征韓論を主張する西郷隆盛や板垣退助と対立。敗れた西郷たちは政府を去った。
	1875	樺太・千島交換条約が結ばれる
	1876	日朝修好条規が結ばれる
	1879	琉球処分が行われる
	1886	ノルマントン号事件が起こる ➡不平等条約改正の世論が高まった
	1894	領事裁判権を撤廃する ➡陸奥宗光がイギリスとの間で成功した
	1911	関税自主権を回復する ➡小村寿太郎がアメリカとの間で成功した

明治初期，文明開化とよばれる生活の変化があったんだ。福沢諭吉が「学問のすゝめ」を著したのもそのころだよ。

確認問題

1 次の文中の ① ～ ⑧ にあてはまる語句を，あとのア～クからそれぞれ選び，記号で答えましょう。

> 政府は，欧米視察に ① を派遣した。欧米を視察した①は，帰国後，武力での朝鮮開国を主張する ② 派と対立した。その朝鮮とは，江華島事件の翌年の1876年に日朝修好条規を結び，ロシアとは1875年に ③ を結んだ。1886年の ④ をきっかけに不平等条約改正の世論が高まり，まず，⑤ により ⑥ が撤廃された。そして，1911年には ⑦ が，アメリカとの間で ⑧ の回復に成功した。

ア	征韓論	イ	小村寿太郎	ウ	関税自主権	エ	ノルマントン号事件
オ	陸奥宗光	カ	領事裁判権	キ	岩倉使節団	ク	樺太・千島交換条約

明治政府の外交政策をおさえよう。

①	②	③	④
⑤	⑥	⑦	⑧

1 次の問いに答えましょう。

(1) 明治時代，欧米の生活様式を取り入れたことによる，生活の大きな変化を何といいますか。 [　　　　　]

(2) 「学問のすゝめ」を著し，人間の自立と平等を説いた人物はだれですか。 [　　　　　]

(3) 日本が清と対等な立場で結んだ条約を何といいますか。 [　　　　　]

(4) 1876年に日本が朝鮮と結んだ，日本にとって有利な条約を何といいますか。 [　　　　　]

(5) 1879年に政府が軍事力を背景に，琉球藩（はん）にかえて沖縄県（おきなわ）を設置したできごとを何といいますか。 [　　　　　]

(6) 関税自主権の回復に成功した，当時の外務大臣（外相）はだれですか。 [　　　　　]

(7) 領事裁判権（治外法権）の撤廃に成功した，当時の外務大臣（外相）はだれですか。 [　　　　　]

ステップアップ

2 右の年表を見て，次の問いに答えましょう。

(1) 年表中の下線部①について，全権大使の岩倉具視（ともみ）と同行した人物として正しいものを，次から2人選びなさい。

ア 伊藤博文（いとうひろぶみ）　イ 井原西鶴（いはらさいかく）
ウ 本居宣長（もとおりのりなが）　エ 津田梅子（つだうめこ）

[　　　]　[　　　]

年代	できごと
1871	①岩倉使節団が派遣される
1873	②征韓論が敗れる
1875	③樺太・千島交換条約を締結（ていけつ）する
1894	④領事裁判権の撤廃に成功する

(2) 年表中の下線部②を主張した薩摩藩（さつま）出身の人物を答えなさい。

[　　　　　]

(3) 年表中の下線部③について，日本の領土となったのは，樺太と千島（千島列島）のうちのどちらですか。

[　　　　　]

(4) 年表中の下線部④について，最初に成功した相手国はどこですか。

このあとに同盟を結んだよ。

[　　　　　]

3 第5章 近代
立憲制国家の成立

解説動画もチェック!

✔チェックしよう!

時代	年代	できごと
明治	1874	民撰議院設立の建白書が提出される ➡板垣退助らが国会開設を求めた
	1877	西郷隆盛を中心に西南戦争が起こる
	1880	国会期成同盟が結成される
	1881	国会開設の勅諭が発表される 板垣退助が自由党を結成する
	1882	大隈重信が立憲改進党を結成する
	1884	秩父事件が起こる
	1885	内閣制度ができる
	1889	大日本帝国憲法が発布される
	1890	第一回帝国議会が開かれる

薩摩藩や長州藩出身者を中心とした藩閥政治に不満が高まったんだ。国民の意見を政治に反映させようとした建白書の提出をきっかけに、自由民権運動が始まるよ。

衆議院議員の選挙権があたえられたのは、1年に直接国税を15円以上納める満25歳以上の男子のみで、総人口の1.1%であった。

確認問題

1 次の文中の ① ～ ⑧ にあてはまる語句を、あとのア～クからそれぞれ選び、記号で答えましょう。

薩長など一部の藩の出身者を中心とする ① に対して、政府を退いていた ② は、1874年に ③ を提出し、④ が始まった。1880年に大阪で国会期成同盟が結成され、その翌年 ⑤ により国会開設が約束されると、②は ⑥ を結成した。政府は、1885年に ⑦ を定め、1889年には、ドイツの憲法を手本とした ⑧ を発布した。翌年、衆議院議員総選挙が行われたが、選挙権をあたえられたのは、1年に直接国税を15円以上納める満25歳以上の男子のみだった。

ア 自由党　　イ 藩閥政治　　ウ 大日本帝国憲法　　エ 自由民権運動
オ 内閣制度　　カ 板垣退助　　キ 国会開設の勅諭　　ク 民撰議院設立の建白書

自由民権運動の高まりに政府はどう対応したかな。

① ② ③ ④
⑤ ⑥ ⑦ ⑧

1 次の問いに答えましょう。

(1) 薩摩藩，長州藩や土佐藩，肥前藩の4藩の出身者を中心に
行われた政治を何といいますか。　　　　　　　　　[　　　　　　　]

(2) 板垣退助が1874年に，国会開設を求めて政府に提出した
ものを何といいますか。　　　　　　　　　　　　　[　　　　　　　]

(3) (2)をきっかけに始まった，国会開設や，国民の自由と権利
を求める運動を何といいますか。　　　　　　　　　[　　　　　　　]

(4) 征韓論を主張していたが，大久保利通らに敗れ，政府を退
いたのち，西南戦争の中心となった人物はだれですか。[　　　　　　　]

(5) 1882年，イギリス流の議会政治をめざして，立憲改進党
を結成したのはだれですか。　　　　　　　　　　　[　　　　　　　]

(6) 1884年，埼玉県で生活に困った農民が，自由党の影響を
受けて起こした，大規模な武力衝突事件を何といいますか。[　　　　　　　]

(7) 1890年に行われた第一回衆議院議員総選挙では，有権者は，
直接国税を何円以上納める満25歳以上の男子でしたか。[　　　　　　　]

📈 ステップアップ

2 右の年表を見て，次の問いに答えましょう。

(1) 年表中の　①　にあてはまる，西郷隆
盛を中心とした不平士族の大規模な反乱
を何といいますか。

[　　　　　　　]

年代	できごと
1877	九州で　①　が起こる
1882	②　が立憲改進党を結成する
1885	③内閣制度ができる
1890	④衆議院議員総選挙が行われる

(2) 年表中の　②　にあてはまる人物を，
次から1人選びなさい。　　　　　　　　　　　　　　[　　　　　　　]
ア　岩倉具視　　イ　大久保利通　　ウ　板垣退助　　エ　大隈重信

(3) 年表中の下線部③について，初代内閣総理大臣となったのはだれですか。

[　　　　　　　]

(4) 年表中の下線部④について，選挙権があたえられたのは，満何歳以上の男子でしたか。
次から1つ選びなさい。

ア　満18歳　　イ　満20歳
ウ　満25歳　　エ　満30歳

選挙権は納税額でも
制限されていたよ。

[　　　　　　　]

4 条約改正と日清戦争

✔チェックしよう！

解説動画も
チェック！

時代	年代	できごと
明治	1894	朝鮮で甲午農民戦争が起こる 領事裁判権を撤廃する（外相陸奥宗光） 日清戦争が始まる
	1895	下関条約を結ぶ ・清は朝鮮の独立を認める ・清は遼東半島，台湾，澎湖諸島を日本へゆずる ・清は賠償金 2 億両を支払う 三国干渉が起こる（ロシア・フランス・ドイツ） ➡遼東半島の清への返還を求める
	1897	朝鮮が国名を改め，大韓帝国が成立する
	1911	外相小村寿太郎が関税自主権を回復させる

軍事力によって植民地を拡大していこうとする思想を帝国主義というよ。

確認問題

1 次の文中の ① ～ ⑧ にあてはまる語句を，あとのア～クからそれぞれ選び，記号で答えましょう。

> 1894 年，朝鮮で東学を信仰する農民を中心に ① が起こると，清に続き日本も出兵したことから両軍が激突し， ② が始まった。②に勝利した日本は，1895 年に山口県で ③ を結び，清に対して ④ の独立，日本への ⑤ 半島などのゆずりわたし，多額の賠償金の支払いをが決められた。⑤半島付近への進出をねらっていた ⑥ は，フランスやドイツとともに ⑦ を行ったため，日本はやむなく⑤半島を清へ返還した。また，②直前には，外相陸奥宗光により， ⑧ が撤廃された。

ア　日清戦争　　イ　朝鮮　　　ウ　ロシア　　　エ　遼東
オ　下関条約　　カ　領事裁判権　キ　三国干渉　　ク　甲午農民戦争

①	②	③	④

⑤	⑥	⑦	⑧

1 次の問いに答えましょう。

(1) 19世紀，産業革命を経た欧米列強が，市場などを求めて
植民地を広げた動きを何といいますか。 [　　　　　]

(2) 1894年，甲午農民戦争をきっかけに起こった，日本と中
国との戦争を何といいますか。 [　　　　　]

(3) (2)に勝利した日本と敗れた清が，山口県で結んだ講和条約
を何といいますか。 [　　　　　]

(4) (3)で，日本が手に入れることに決まった領地は，遼東半島，
澎湖諸島と，あと1つはどこですか。 [　　　　　]

(5) (3)を結んだ直後に，ロシアがドイツ，フランスとともに，
遼東半島を清に返還するよう要求したことを何といいますか。 [　　　　　]

(6) 1897年に，朝鮮半島に成立した国を何といいますか。
[　　　　　]

(7) 関税自主権の回復に成功した当時の外務大臣はだれですか。 [　　　　　]

↗ ステップアップ

2 右の年表を見て，次の問いに答えましょう。

(1) 年表中の ① には，朝鮮で東学という
宗教を信仰した人々が中心となって起こ
したできごとがあてはまります。 ①
にあてはまる語句を答えなさい。

[　　　　　]

年代	できごと
1894	① が起こる
	日本と②中国の間で戦争が起こる
1895	③三国干渉が行われる

(2) 年表中の下線部②について，このときの中国の王朝を，次から1つ選びなさい。
ア 栄(そう)　イ 清
ウ 明(みん)　エ 唐(とう) [　　　　　]

(3) 年表中の下線部③について，次の問いに答えなさい。

(a) 三国干渉を行った3国をすべて答えなさい。

[　　　　][　　　　][　　　　]

(b) 三国干渉によって，日本が清に返還した半島を何といいますか。

下関条約では，この半島のほかに，
台湾や澎湖諸島も手に入れたよ。

[　　　　　]

第5章 近代
5 日露戦争と戦後の東アジア

✔チェックしよう！

解説動画も
チェック！

時代	年代	できごと
明治	1900	中国で義和団事件が起こる➡事件後，ロシアは満州に軍を残した
	1902	日英同盟を結ぶ➡ロシアとの開戦論が主流
		幸徳秋水や内村鑑三は開戦に反対した。 ロシアでも革命の機運が高まっていたよ。
	1904	日露戦争が始まる➡与謝野晶子は反戦詩を書いた
	1905	ポーツマス条約が結ばれる（アメリカの仲介） ・ロシアは日本の韓国における優越権を認める。 ・日本は旅順・大連の租借権，南満洲の鉄道利権，北緯50度以南の樺太（サハリン）を得た。 ・賠償金は得られず➡日比谷焼き打ち事件が起こる。
		日本が韓国に韓国統監府を設置する（初代統監：伊藤博文） ➡義兵運動が激しくなるなか，伊藤博文は安重根に暗殺された
	1910	日本が韓国併合を行う➡朝鮮総督府を設置した
	1911	辛亥革命（孫文）が起こる➡中華民国が建国される（袁世凱）

確認問題

1 次の文中の ① ～ ⑧ にあてはまる語句を，あとのア～クからそれぞれ選び，記号で答えましょう。

> 1900年の ① ののち，② は満州に軍を残した。②の南下に危機感を持つ ③ は，1902年に日本と同盟を結んだ。国内では反戦を求める声もあったが，1904年，ついに②との戦争が始まった。日本も②も戦争継続へ苦しむ中，1905年に ④ の仲立ちで ⑤ が結ばれた。⑤で ⑥ を得られなかったことが日比谷焼き打ち事件へとつながった。②との戦争後，1905年に ⑦ を置き，1910年には韓国を併合し，⑧ を設置して，朝鮮半島の植民地化を実行した。

ア ロシア　　　　イ アメリカ　　　ウ イギリス　　　エ 韓国統監府
オ ポーツマス条約　カ 朝鮮総督府　　キ 義和団事件　　ク 賠償金

①	②	③	④

⑤	⑥	⑦	⑧

1 次の問いに答えましょう。

(1) 1900年の義和団事件後も，満州に軍隊をとどめた国は
どこですか。

[   ]

(2) 1902年，(1)の南下政策に危機感を持ち，日本と同盟を
結んだ国はどこですか。

[   ]

(3) (1)との開戦への世論（よろん）が高まる中，戦争に反対した社会主義者
はだれですか。

[   ]

(4) 1905年に，アメリカの都市で結ばれた，日露戦争の講和（こうわ）
条約を何といいますか。

[   ]

(5) (4)の内容に不満をもった人々が，東京で起こした暴動（ぼうどう）を
何といいますか。

[   ]

(6) 1905年に設置された韓国統監府の初代統監となった人物
はだれですか。

[   ]

(7) (6)を，満州のハルビン駅で暗殺した，韓国の民族運動家は
だれですか。

[   ]

(8) 1910年，日本が韓国を日本の領土の一部とし，植民地支
配を始めたことを何といいますか。

[   ]

↗ ステップアップ

2 右の年表を見て，次の問いに答えましょう。

(1) 年表中の下線部①について，この内容と
して正しいものを，次からすべて選びな
さい。

　ア　台湾（たいわん）を日本が獲得した。

　イ　賠償金を日本が獲得した。

　ウ　北緯50度以南の樺太を，日本が
　　　獲得した。

　エ　南満州での鉄道の権利を，日本が
　　　獲得した。

年代	できごと
1905	①ポーツマス条約が結ばれる
1910	韓国併合が行われる
	② が設置される
1911	③辛亥革命が起こる

下関（しものせき）条約とポーツマス条約の内容の
違いをしっかりとおさえておこう。

[   ]

(2) 年表中の ② にあてはまる，日本政府が設置した，朝鮮を統治（とうち）するための機関を
答えなさい。

[   ]

(3) 年表中の下線部③の中心人物で，三民主義（さんみんしゅぎ）を唱えたのはだれですか。

[   ]

スマホでサクッとチェック ≫ P2

6 産業革命と近代文化の形成

✔チェックしよう！

☑ **産業革命**
・日清戦争ごろ…軽工業が発展した。
・1901 年…八幡製鉄所が操業を開始した。
　➡筑豊炭田の石炭と，中国の鉄鉱石を利用した。
・日露戦争ごろ…重工業が発展した。

八幡製鉄所は，日清戦争の賠償金でつくられたんだよ。

☑ **社会問題**
・資本主義の発展
　➡労働組合が結成されたり，財閥が誕生したりした。
・足尾銅山鉱毒事件：田中正造が活躍した。
・大逆事件：幸徳秋水らが処刑された。

☑ **近代の文化**
・美術…フェノロサ，岡倉天心（日本美術の復興）
　　　　横山大観（日本画），黒田清輝（印象派）
・文学…樋口一葉『たけくらべ』
　　　　夏目漱石『坊っちゃん』
　　　　森鷗外『舞姫』

〈自然科学〉
○北里柴三郎
　破傷風の血清療法の発見
○志賀潔
　赤痢菌の発見
○野口英世
　黄熱病の研究
○鈴木梅太郎
　ビタミン B_1 の抽出

確認問題

1 次の文中の ① ～ ⑧ にあてはまる語句を，あとのア～クからそれぞれ選び，記号で答えましょう。

日本の産業は，日清戦争ごろに ① が発展し，1901 年には ② が鉄鋼の生産を始め，日露戦争ごろに ③ が発展した。資本主義が発展し，三井，三菱などの ④ が成長した。いっぽう，足尾銅山鉱毒事件では ⑤ が天皇に直訴を試みるなど，公害問題も発生した。文化，自然科学面では，印象派の ⑥ が「湖畔」をえがき，⑦ が『たけくらべ』を書き，⑧ が黄熱病を研究するなど，大いに発展した。

ア 樋口一葉　　イ 重工業　　ウ 田中正造　　エ 八幡製鉄所
オ 野口英世　　カ 軽工業　　キ 黒田清輝　　ク 財閥

産業革命で社会はどう変化したかな。

 ① 　　 ② 　　 ③ 　　④

 ⑤ 　　 ⑥ 　　⑦ 　　⑧

練習問題

1 次の問いに答えましょう。

(1) 日清戦争の賠償金で九州につくられ，1901 年に操業を始めた官営工場を何といいますか。 [　　　　　]

(2) 日露戦争ごろに発展したのは，軽工業と重工業のどちらですか。 [　　　　　]

(3) 資本主義の発展により成長した，三井，三菱，住友，安田などの大資本家を何といいますか。 [　　　　　]

(4) 栃木県で起こった，足尾銅山鉱毒事件の解決に向け，活躍した衆議院議員はだれですか。 [　　　　　]

(5) 社会主義者の幸徳秋水らが，明治天皇の暗殺計画を立てたとして，処刑された事件を何といいますか。 [　　　　　]

(6) 日本美術の復興に向け，岡倉天心とともに活躍したアメリカ人はだれですか。 [　　　　　]

(7) 『坊っちゃん』や『吾輩は猫である』などの著者はだれですか。 [　　　　　]

↗ ステップアップ

2 次の文章を読んで，あとの問いに答えましょう。

> 日本の産業革命は，まず日清戦争ごろに①軽工業の分野で起こり，次に日露戦争ごろに重工業の分野で起こった。資本主義が発展すると，三井や三菱などの実業家は，財閥へと成長した。一方，労働者が増え，[②] も結成されるようになった。文化や自然科学の分野でも新しい動きが起こった。日本の伝統美が見直され，欧米の文化も取り入れられた。また③最先端の研究を行う科学者もあらわれた。

(1) 文章中の下線部①について，このころの最大の輸出品を，次から 1 つ選びなさい。
　　ア　綿糸　　　イ　生糸
　　ウ　絹織物　　エ　毛織物 [　　　　　]

(2) 文章中の [②] にあてはまる，労働者が使用者と対等に交渉するために結成する団体を答えなさい。

[　　　　　]

(3) 文章中の下線部③について，アフリカにわたって，黄熱病の研究を行った人物はだれですか。

[　　　　　]

7 第一次世界大戦と国際協調の時代

✔ チェックしよう！

解説動画もチェック！

時代	年代	できごと
明治	1882	三国同盟が成立する（ドイツ・オーストリア・イタリア）
	1907	三国協商が成立する（イギリス・フランス・ロシア）
	1914	バルカン半島（「ヨーロッパの火薬庫」）でサラエボ事件が起こる
		➡ オーストリア皇太子夫妻が暗殺された
		第一次世界大戦が起こる
大正	1917	レーニンの指導でロシア革命が起こる
	1918	第一次世界大戦が終わる
	1919	ベルサイユ条約が結ばれる
		ドイツでワイマール憲法が制定される
	1920	国際連盟が設立される
		・アメリカ大統領ウィルソンが提案した。 ・アメリカは加盟しなかった。
	1921	ワシントン会議が開かれる
	1922	ソビエト社会主義共和国連邦（ソ連）が成立する

ウィルソンは民族自決も提唱したよ。

確認問題

1 次の文中の ① ～ ⑧ にあてはまる語句を，あとのア～クからそれぞれ選び，記号で答えましょう。

> ドイツ中心の三国同盟と，イギリス中心の ① の対立が続く中，1914年に ② でサラエボ事件が起こり，それをきっかけに ③ が始まった。日英同盟を理由に日本が参戦した③は1918年に終わり，1919年に ④ が結ばれた。敗戦国のドイツでは同年，⑤ が制定された。また，1920年に世界平和をめざし，アメリカ大統領 ⑥ の提案で ⑦ が設立された。1921年には ⑧ が開かれ，海軍の軍備が制限されるなどした。

ア　国際連盟　　イ　ワシントン会議　　ウ　ベルサイユ条約　　エ　バルカン半島
オ　三国協商　　カ　ウィルソン　　キ　ワイマール憲法　　ク　第一次世界大戦

戦争が終わって，国際協調の機運が高まったんだね。

①	②	③	④

⑤	⑥	⑦	⑧

練習問題

1 次の問いに答えましょう。

(1) 1882年に，ドイツ，オーストリア，イタリアの3国の間に成立した軍事同盟を何といいますか。 [   ]

(2) 1907年に，イギリス，フランス，ロシアの3国の間に成立した協力関係を何といいますか。 [   ]

(3) バルカン半島は，民族や宗教などの対立で紛争が絶えなかったことから，何とよばれていましたか。 [   ]

(4) 1917年にロシアで起こった，労働者や兵士による革命を何といいますか。 [   ]

(5) 第一次世界大戦後の1919年に，ドイツと連合国との間で結ばれた条約を何といいますか。 [   ]

(6) 1920年に，アメリカのウィルソン大統領の提案でつくられた，世界平和をめざす組織を何といいますか。 [   ]

(7) 1922年にロシアで成立した国家を何といいますか。 [   ]

↗ ステップアップ

2 右の年表を見て，次の問いに答えましょう。

(1) 年表中の下線部①について，この3国とは，フランスとロシアとあと1か国はどこですか。 [   ]

年代	できごと
1907	①三国協商が成立する
1914	②サラエボ事件が起こる
	③第一次世界大戦が起こる
1919	④ベルサイユ条約が結ばれる
1920	⑤国際連盟が設立される

(2) 年表中の下線部②について，暗殺されたのは，どこの国の皇太子夫妻ですか。 [   ]

(3) 年表中の下線部③について，おもな戦場となった地域を，次から1つ選びなさい。
　　ア　北アメリカ　　イ　ヨーロッパ
　　ウ　アフリカ　　エ　アジア

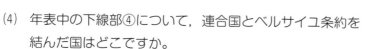

総力戦が行われ，大きな被害が出たよ。

[   ]

(4) 年表中の下線部④について，連合国とベルサイユ条約を結んだ国はどこですか。 [   ]

(5) 年表中の下線部⑤を提案したアメリカのウィルソン大統領は，それぞれの民族は，自分たちのことを自分たちで決める権利があるという考え方を唱えました。この原則を何といいますか。 [   ]

スマホでサクッとチェック ≫ P2

第5章 近代

8 大正デモクラシーと政党内閣

✔チェックしよう！

解説動画もチェック！

時代	年代	できごと
大正	1912	第一次護憲運動が起こる
	1915	中国に二十一か条の要求を示す
	1918	シベリア出兵が始まる
		米騒動が全国に広がる
		原敬が首相となる
		➡本格的な政党内閣が成立した
	1919	朝鮮で三・一独立運動が起こる
		中国で五・四運動が起こる
	1922	全国水平社が結成される
	1923	関東大震災が起こる
	1925	普通選挙法が成立する
		治安維持法が制定される

このころの風潮を大正デモクラシーというよ。吉野作造が民本主義を主張したんだ。

インドのガンディーはイギリスに対して自治を求める運動を起こしたよ。

社会主義の取りしまりが行われた。

確認問題

1 次の文中の ① ～ ⑧ にあてはまる語句を，あとのア～クからそれぞれ選び，記号で答えましょう。

> 1912年，桂内閣の退陣を求めて第一次 ① が起こった。1915年，日本はドイツが中国に持つ山東省などの権益を要求して， ② を示した。1918年にロシア革命の影響をおそれて ③ 出兵が始まると，富山県から始まった米騒動が全国に広がり，その後， ④ が本格的な ⑤ を結成した。1919年，朝鮮では ⑥ が，中国では ⑦ が起こり，インドでは ⑧ が，イギリスからの完全な自治を求めて運動を起こした。

ア シベリア　　イ 五・四運動　　ウ 政党内閣　　エ 二十一か条の要求

オ 護憲運動　　カ ガンディー　　キ 原敬　　ク 三・一独立運動

アジアの各国で独立運動が起こったんだね。

①	②	③	④

⑤	⑥	⑦	⑧

練習問題

1 次の問いに答えましょう。

(1) 大正時代に高まった，民主主義や自由主義の風潮を何といいますか。 [　　　　　]

(2) 普通選挙により，国民の意見を政治に反映させるべきである，と主張した吉野作造の考えを何といいますか。 [　　　　　]

(3) 全国的に広がった米騒動は，どこに向けた出兵を見越して米が買い占められたことが原因ですか。 [　　　　　]

(4) 1912年から始まった，憲法に基づく政治を守ろうとする運動を何といいますか。 [　　　　　]

(5) 1918年に，「平民宰相」として期待され，本格的な政党内閣を組織した立憲政友会の総裁はだれですか。 [　　　　　]

(6) 1922年，部落解放運動を進めるために，京都で結成された組織を何といいますか。 [　　　　　]

(7) 1925年に加藤高明内閣が定めた，共産主義などを取り締まる目的で定められた法律は何ですか。 [　　　　　]

↗ ステップアップ

2 右の年表を見て，次の問いに答えましょう。

(1) 年表中の下線部①の内容にあてはまるものを，次から1つ選びなさい。

ア　南樺太を日本にゆずる。
イ　台湾を日本にゆずる。
ウ　遼東半島を日本にゆずる。
エ　ドイツが山東省に持つ権益を日本にゆずる。

年代	できごと
1915	①二十一か条の要求が出される
	② が民本主義を提唱する
1925	③普通選挙法が成立する

下関条約やポーツマス条約の内容と区別しよう。

[　　　　　]

(2) 年表中の ② にあてはまる人物名を答えなさい。 [　　　　　]

(3) 年表中の下線部③について，次の問いに答えなさい。

(a) この法律で選挙権が認められた者を，次から1つ選びなさい。

ア　満20歳以上の男子　　イ　満20歳以上の男女
ウ　満25歳以上の男子　　エ　満25歳以上の男女

[　　　　　]

(b) この法律と同じ年に制定されたもう一つの法律を，次から1つ選びなさい。

ア　治安維持法　　イ　国家総動員法
ウ　教育基本法　　エ　労働組合法

[　　　　　]

社会運動の広がり，新しい文化

✔チェックしよう！

解説動画もチェック！

時代	年代	できごと
大正	1924	第一次世界大戦中の経済の発展 ➡労働者が増加→ストライキなどの労働争議が多発 小作料の減免を求める小作争議がしきりに起こる ➡1922年に日本農民組合が結成 普通選挙法のきっかけとなる第二次護憲運動が起こる 　平塚らいてうが女性の解放を唱えた 〈大正期の文化〉 ・ラジオ放送の開始 ・活字文化の広がり ➡志賀直哉（白樺派），芥川龍之介，小林多喜二などの小説家の台頭 ・欧米風の生活様式の広がり ➡文化住宅，洋食などの普及

明治時代末期に義務教育が普及したことで，庶民の文化が生まれたよ。

確認問題

1 次の文中の ① ～ ⑧ にあてはまる語句を，あとのア～クからそれぞれ選び，記号で答えましょう。

> 第一次世界大戦が始まると，日本の都市では労働者が増加し，労働者らは自身の地位向上を目的にストライキなどの ① を起こした。戦後の1920年になると日本は不況になり，小作料の減免を求める ② が多発し，その後，全国組織として ③ が結成された。また， ④ が青鞜社を結成し，女性の解放を唱えるようになった。大正期には， ⑤ が始まり，庶民の情報源となった。また，『羅生門』などで知られる小説家 ⑥ や，白樺派の ⑦ も活躍した。そして，生活様式が向上し欧米風の建築である ⑧ や洋食が流行した。

ア　芥川龍之介　　イ　小作争議　　ウ　志賀直哉　　エ　平塚らいてう

オ　ラジオ放送　　カ　文化住宅　　キ　労働争議　　ク　日本農民組合

人々がどのように権利を得ていったかをおさえよう。

 ① 　　② 　　③ 　　④

 ⑤ 　　⑥ 　　⑦ 　　⑧

1 次の問いに答えましょう。

(1) 労働争議の一つで，労働者が集団で業務を停止することを
何といいますか。 [   ]

(2) 1922 年，小作争議を指導するために結成された，日本
最初の農民組合の全国組織を何といいますか。 [   ]

(3) 明治末期から大正期にかけて，青鞜社を結成するなど，
女性の解放を唱えて活躍した人物とはだれですか。 [   ]

(4) 都市で広がりをみせた，欧米風の外観や応接室を持った住宅
を何といいますか。 [   ]

(5) 1925 年から始まった，当時新聞とならぶ情報源となった
マス＝メディアとは何ですか。 [   ]

(6) 志賀直哉を中心とした，人間を肯定し，個人を尊重する文学
派閥（は ばつ）の名称を何といいますか。 [   ]

(7) 『羅生門』や『蜘蛛の糸（く も いと）』などの作者として知られる，小説家
はだれですか。 [   ]

📈 ステップアップ

2 右の年表を見て，次の問いに答えましょう。

(1) 年表中の下線部①によって，労働者が増
加しました。その結果，ストライキなど
の何が多発しましたか。

[   ]

年代	できごと
1914	第一次世界大戦が起こる
	①大戦中，好況になる
	②戦後，景気が悪化する
1925	③普通選挙法が成立する

(2) 年表中の下線部②について，次の問いに答えなさい。

(a) この時期に多く発生した，小作料の減免を求める訴えを何といいますか。

[   ]

(b) (a)を指導するために作られた日本農民組合は何年に結成されましたか。

[   ]

(3) 年表中の下線部③が成立する背景となった運動を何といいますか。

[   ]

10 恐慌の時代と政党内閣の危機

✔チェックしよう！

解説動画もチェック！

時代	年代	できごと
昭和	1927	日本で金融恐慌が起こる
	1929	アメリカで株価が大暴落し，世界恐慌が起こる
		各国の対策とようす ・イギリス，フランス…ブロック経済 ・アメリカ…ローズベルト大統領によるニューディール（新規まき直し）政策 ・ソ連…五か年計画のため影響は受けなかった
		アメリカへの生糸輸出が激減➡日本で昭和恐慌が起こる
	1930	ロンドン海軍軍縮会議が開かれる
	1933	ドイツでヒトラーがナチス政権を樹立
		・民主主義や自由主義を否定するファシズムの体制 ・イタリアではムッソリーニがファシスト党を結成

政党政治は経済や外交などで困難に直面し，次第にいきづまっていったよ。

確認問題

1 次の文中の ① ～ ⑧ にあてはまる語句を，あとのア～クからそれぞれ選び，記号で答えましょう。

> 1927年，日本では多くの銀行が倒産する ① が起こり，1929年には，ニューヨークでの株価の大暴落をきっかけに，② が起こった。この対策として，イギリスなど植民地のある国は ③ を行い，アメリカは ④ を行った。五か年計画を行っていた ⑤ は，②の影響を受けなかった。1922年から政権をにぎっていたイタリアの ⑥ や，ドイツの ⑦ は，⑧ とよばれる全体主義の体制をとった。

ア ブロック経済　　イ ヒトラー　　ウ 世界恐慌　　エ ニューディール政策
オ ファシズム　　カ ソ連　　キ 金融恐慌　　ク ムッソリーニ

世界恐慌に対して，各国はどんな対策をとったのかな。

①	②	③	④

⑤	⑥	⑦	⑧

1 次の問いに答えましょう。

(1) 1929 年に起こった世界恐慌は，どこの国から始まりましたか。
[　　　　　　　]

(2) 植民地以外の国からの輸入品に，高い関税をかけるブロック経済を行ったのは，イギリスと，どこの国ですか。
[　　　　　　　]

(3) アメリカでニューディールという政策を行った大統領はだれですか。
[　　　　　　　]

(4) 世界恐慌の影響を受けなかったソ連が，スターリンの指導のもとに行っていた計画を何といいますか。
[　　　　　　　]

(5) イタリアで，ファシスト党を率いて，政権をにぎっていたのはだれですか。
[　　　　　　　]

(6) ヒトラーが率いた，国民社会主義ドイツ労働者党のことを，カタカナ 3 文字で何といいますか。
[　　　　　　　]

(7) 1930 年に，補助艦の保有量を決める，海軍軍縮会議が開かれた都市はどこですか。
[　　　　　　　]

↗ ステップアップ

2 右の年表を見て，次の問いに答えましょう。

(1) 年表中の [　①　] にあてはまる，アメリカから世界中に広まった，急激な不況を何といいますか。
[　　　　　　　]

年代	できごと
1929	① が起こる
1930	②ロンドン海軍軍縮会議が開催される
1933	ローズベルト大統領が ③ を行う

(2) (1)の対策として，イギリスやフランスが行った政策を何といいますか。
[　　　　　　　]

(3) 年表中の下線部②のころの日本のようすとしてあてはまらないものを，次から 1 つ選びなさい。

ア 生糸の輸出量が大きく減った。
イ 東北地方で，大凶作が起こった。
ウ 労働争議や小作争議が増えた。
エ これまで以上の好況となった。
[　　　　　　　]

(4) 年表中の [　③　] にあてはまる，(1)の対策として，アメリカで行われた政策を何といいますか。
[　　　　　　　]

11 満州事変・日中戦争と戦時体制

✔チェックしよう!

時代	年代	できごと
昭和	1931	関東軍が柳条湖で南満洲鉄道の線路を爆破する
		➡満州事変が起こった
	1932	満州国の建国を宣言する
		五・一五事件が起こる
	1933	日本が国際連盟の脱退を通告する
	1936	二・二六事件が起こる
	1937	盧溝橋で日中両国軍が武力衝突を起こす
		➡日中戦争が起こった
		抗日民族統一戦線がつくられる
		➡蔣介石と毛沢東が手を結んだ
	1938	国家総動員法が定められる
	1940	政党が解散してまとめられ，大政翼賛会が結成される

五・一五事件で日本の犬養毅首相が暗殺されたよ。

朝鮮での皇民化政策
・日本語の使用
・日本式に姓名を改めさせる創氏改名
・志願兵制度の実施

確認問題

1　次の文中の　①　～　⑧　にあてはまる語句を，あとのア～クからそれぞれ選び，記号で答えましょう。

> 1931年，　①　での事件をきっかけに満州事変が起こり，翌年には，清の最後の皇帝である溥儀を元首として　②　の建国が宣言された。同年，日本国内では五・一五事件が起こり，　③　首相が暗殺された。1937年，　④　での事件をきっかけに　⑤　が起こると，中国では，　⑥　と毛沢東が協力して抗日民族統一戦線がつくられ，日本では，1938年に　⑦　が定められた。また1940年には，政党が解散して　⑧　にまとめられた。

ア　盧溝橋　　イ　大政翼賛会　　ウ　蔣介石　　エ　日中戦争
オ　柳条湖　　カ　満洲国　　キ　犬養毅　　ク　国家総動員法

日本と中国の関わりを整理してみよう。

①	②	③	④

⑤	⑥	⑦	⑧

練習問題

1 次の問いに答えましょう。

(1) 1931 年，柳条湖での鉄道爆破がきっかけとなって始まったできごとを何といいますか。[　　　　　]

(2) 1932 年に，海軍の将校(しょうこう)らによって起こされた五・一五事件で，暗殺された首相はだれですか。[　　　　　]

(3) 1933 年に日本が脱退を通告した組織を何といいますか。[　　　　　]

(4) 1936 年に，陸軍の将校らが，首相官邸(かんてい)の襲撃(しゅうげき)や，国会議事堂の占拠(せんきょ)などを行った事件を何といいますか。[　　　　　]

(5) 1937 年，盧溝橋での日中両国軍の武力衝突がきっかけとなって始まった戦争を何といいますか。[　　　　　]

(6) 抗日民族統一戦線を結成したのは，国民党(こくみんとう)の蔣介石と共産(きょうさん)党(とう)のだれですか。[　　　　　]

(7) 日本が，朝鮮の人々に日本語の使用を強制したり，日本式の名前に改めさせたりした政策を何といいますか。[　　　　　]

↗ ステップアップ

2 右の年表を見て，次の問いに答えましょう。

(1) 年表中の下線部①の位置を，右の地図中のア～エから 1 つ選びなさい。

関東軍は満洲国を実質的に支配したよ。

[　　　　　]

年代	できごと
1932	①満州国の建国が宣言される
1940	② が結成される

(2) 年表中の ② にあてはまる，それまであった政党が組み込まれた組織を何といいますか。

[　　　　　]

(3) 年表中の 1932 年から 1940 年の間に起こった次のア～エのできごとを，年代の古いものから順に並べ，記号で答えなさい。

ア 二・二六事件が起こった。　　イ 国家総動員法が定められた。

ウ 犬養毅首相が暗殺された。　　エ 日中戦争が起こった。

[　　　] ⇒ [　　　] ⇒ [　　　] ⇒ [　　　]

12 第二次世界大戦と戦時下の生活

✔チェックしよう！

解説動画も
チェック！

時代	年代	できごと
昭和	1939	独ソ不可侵条約が結ばれる
		ドイツがポーランドへ侵攻し，第二次世界大戦が始まる
		ドイツが占領した各地でレジスタンス（抵抗運動）が起こった。
	1940	日独伊三国同盟が成立する
	1941	日ソ中立条約が結ばれる
		大西洋憲章が発表される
		太平洋戦争が始まる
		学徒出陣や勤労動員，学童疎開が行われた。
	1945	ヤルタ会談が開かれる➡ソ連の対日参戦などを決めた
		アメリカ軍が沖縄に上陸する
		ポツダム宣言が発表される
		広島と長崎に原子爆弾が投下される
		ポツダム宣言を受け入れ（8月14日），日本が降伏する

軍需品の生産が優先され，食料などの生活必需品は足りなくなったよ。

確認問題

1 次の文中の ① ～ ⑧ にあてはまる語句を，あとのア～クからそれぞれ選び，記号で答えましょう。

> 1939年， ① の ② への侵攻がきっかけで，第二次世界大戦が始まった。翌年，①の優勢を見た日本は ③ を結び，1941年には ④ を結んで北方の安全を確保し，12月8日，真珠湾などを攻撃して ⑤ を始めた。1945年2月に ⑥ が開かれ，ソ連の対日参戦が決められた。日本の戦況が苦しくなる中，広島と長崎に ⑦ が投下された。日本は8月14日に ⑧ を受け入れ，⑤が終わった。

ア ポーランド　　イ ポツダム宣言　　ウ ヤルタ会談　　エ 太平洋戦争

オ 原子爆弾　　カ 日ソ中立条約　　キ ドイツ　　ク 日独伊三国同盟

どのように戦争が始まり，どのように終わったのかな。

①	②	③	④

⑤	⑥	⑦	⑧

1 次の問いに答えましょう。

(1) 1939年，ドイツは独ソ不可侵条約を結んだうえで，隣国（りんごく）に侵攻しました。隣国とはどこですか。 [　　　　]

(2) (1)への侵攻を見たイギリスやフランスが，ドイツに宣戦布告をしたことで始まった戦争を何といいますか。 [　　　　]

(3) 1941年，ローズベルトとチャーチルがファシズムへの対決姿勢と，戦後の平和構想を発表したものを何といいますか。 [　　　　]

(4) 1941年，日本軍がハワイの真珠湾や，イギリス領のマレー半島を攻撃したことで始まった戦争を何といいますか。 [　　　　]

(5) それまで徴兵（ちょうへい）が猶予（ゆうよ）されていた，文科系の大学生などを軍隊に入隊させたことを何といいますか。 [　　　　]

(6) 1945年のヤルタ会談では，どこの国の対日参戦や，千島列島の領有を認める決定が行われましたか。 [　　　　]

(7) 1945年8月6日に広島，8月9日に長崎に投下された，新兵器は何ですか。 [　　　　]

ステップアップ

2 右の年表を見て，次の問いに答えましょう。

(1) 年表中の ① にあてはまる，日本がドイツやイタリアと結んだ同盟を何といいますか。 [　　　　]

年代	できごと
1940	① が成立する
1941	② が結ばれる
	③太平洋戦争が始まる
1945	日本が ④ を受け入れ降伏する

1945年8月8日にソ連はこの条約を破り，満州（まんしゅう）や南樺太（みなみからふと）に侵攻してきたよ。

(2) 年表中の ② にあてはまる，日本が北方の安全を確保するために，ソ連と結んだ条約を何といいますか。 [　　　　]

(3) 年表中の下線部③の間のできごとにあてはまらないものを，次から1つ選びなさい。

ア　アメリカ軍の沖縄上陸　　イ　ドイツのポーランドへの侵攻
ウ　子どもたちの集団疎開　　エ　広島と長崎への原子爆弾投下 [　　　　]

(4) 年表中の ④ にあてはまる語句を答えなさい。 [　　　　]

1 占領下の日本

✔チェックしよう！

解説動画も
チェック！

☑ **占領**
・アメリカ軍中心の占領が進む。

日本の北方領土はソ連が，沖縄はアメリカが占領したよ。

> ・連合国軍最高司令官総司令部（GHQ）による間接統治
> ・最高司令官はマッカーサー

☑ **非軍事化**
・極東国際軍事裁判（東京裁判）が開かれた。

地主が持つ小作地を，政府が強制的に買い上げ，小作人に安く売り渡し，自作農を増やしたのが農地改革なんだ。

☑ **民主化**
・選挙権…満20歳以上の男女にあたえられた。
・財閥解体…三井，三菱などの財閥を解体した。
・農地改革…自作農を増やした。
・教育基本法，労働組合法，労働基準法が定められた。

☑ **日本国憲法**
・1946年11月3日に公布され，1947年5月3日から施行された。
➡国民主権，基本的人権の尊重，平和主義を基本原理とした。

確認問題

1 次の文中の　①　～　⑧　にあてはまる語句を，あとのア～クからそれぞれ選び，記号で答えましょう。

> 　日本の占領は　①　軍が中心で，政治は，　②　を最高司令官とする　③　が日本政府に命令を出す間接統治で行われた。民主化政策として，満　④　歳以上の　⑤　に選挙権をあたえたり，三井や三菱などの　⑥　を解体したり，自作農を増やすために　⑦　を行ったりした。また，国民主権や基本的人権の尊重，平和主義を三大原則とする　⑧　が，1947年5月3日から施行された。

ア　20　　　イ　日本国憲法　　ウ　農地改革　　エ　マッカーサー
オ　GHQ　　カ　財閥　　　　　キ　アメリカ　　ク　男女

どのような占領政策が実施されたかおさえよう。

| ① | ② | ③ | ④ |
| ⑤ | ⑥ | ⑦ | ⑧ |

練習問題

1 次の問いに答えましょう。

(1) 日本本土を占領したのは，どこの国の軍隊を中心とした連合国軍ですか。 [   ]

(2) 国後島，択捉島，歯舞群島，色丹島からなる北方領土を占領したのは，どこの国ですか。 [   ]

(3) 連合国軍最高司令官総司令部を，アルファベット3文字で何といいますか。 [   ]

(4) 東条英機元首相など，戦争犯罪人とみなされた人物を裁いた裁判を何といいますか。 [   ]

(5) 選挙法の改正により，選挙権は，満何歳以上の男女にあたえられましたか。 [   ]

(6) 三井，三菱など，それまでの日本経済を支配してきた独占企業集団を解体したことを何といいますか。 [   ]

(7) 1947年に制定された，教育の基本原則を示した法律を何といいますか。 [   ]

ステップアップ

2 右の年表を見て，次の問いに答えましょう。

(1) 年表中の下線部①について，次の問いに答えなさい。

(a) 日本国憲法が施行されたのは西暦何年ですか。 [   ]

年代	できごと
1946	①日本国憲法が公布される
1947	②農地改革が始まる

(b) 日本国憲法の3つの基本原理のうち，国民が国の政治の最終的な決定権を持つことを何といいますか。

天皇は国の象徴になったね。 [   ]

(2) 次の文は，年表中の下線部②について説明したものです。文中の a ～ c にあてはまる語句を，あとのア～ウから1つずつ選びなさい。

政府は， a を増やすため， b から小作地を強制的に買い上げ， c に安く売り渡した。

ア 小作人　イ 地主　ウ 自作農

a [   ] b [   ] c [   ]

スマホでサクッとチェック ≫ P2　73

2 冷戦の開始と日本の独立回復

✔ チェックしよう！

解説動画も
チェック！

時代	年代	できごと
昭和	1945	国際連合（国連）が設立される➡安全保障理事会が置かれた
		アメリカ中心の資本主義諸国（西側陣営）と，ソ連中心の社会主義諸国（東側陣営）との間で「冷たい戦争」（冷戦）が始まった。
	1949	北大西洋条約機構（NATO）が結成される
		東ドイツと西ドイツが独立する➡1961年にベルリンの壁が築かれた
		中華人民共和国が成立する➡毛沢東が主席となった
	1950	朝鮮戦争が起こる
		GHQの命令により，日本に警察予備隊がつくられた。1954年には自衛隊へ発展した。
	1951	サンフランシスコ平和条約・日米安全保障条約が結ばれる
	1953	朝鮮戦争の休戦協定が結ばれる
	1956	日ソ共同宣言が調印される➡日本が国際連合に加盟する

確認問題

1 次の文中の ① ～ ⑧ にあてはまる語句を，あとのア～クからそれぞれ選び，記号で答えましょう。

> 1945年，世界平和をめざす組織である ① が結成され，平和維持の中心機関として ② が置かれた。しかし，アメリカとソ連の対立を中心とする ③ が始まった。1949年に ④ が成立し，1950年には ⑤ が起こるなど，世界情勢は動揺した。GHQの指令のもと，日本は ⑥ を設置し，これはのちに ⑦ となった。⑤のさなか，日本は ⑧ を締結して占領からの独立を果たした。

ア 冷たい戦争　イ 警察予備隊　ウ 中華人民共和国　エ サンフランシスコ平和条約
オ 自衛隊　カ 国際連合　キ 朝鮮戦争　ク 安全保障理事会

アメリカとソ連の対立は世界と日本にどのような影響を与えたのかな。

①	②	③	④

⑤	⑥	⑦	⑧

1 次の問いに答えましょう。

(1) 国際連合の中心機関として，平和と安全を維持する役割を
負う機関を何といいますか。　[　　　　　　　]

(2) 冷たい戦争で，東側陣営の中心となった国はどこですか。　[　　　　　　　]

(3) 1949 年に，アメリカを中心に結成された北大西洋条約機構の
略称を，アルファベットで答えなさい。　[　　　　　　　]

(4) 1950 年に，北朝鮮が韓国に侵攻したことがきっかけとなっ
て起こった戦争を何といいますか。　[　　　　　　　]

(5) 1949 年に毛沢東を主席として成立した国を何といいます
か。　[　　　　　　　]

(6) 1951 年にサンフランシスコ平和条約と同時に結ばれた，
日本にアメリカ軍基地を置くことを認めた条約を何と
いいますか。　[　　　　　　　]

(7) 日本が国際連合に加盟するきっかけとなった，ソ連との間で
調印された宣言を何といいますか。　[　　　　　　　]

↗ ステップアップ

2 右の年表を見て，次の問いに答えましょう。

(1) 年表中の　①　にあてはまる，ニュー
ヨークに本部を置き，51 か国で発足し
た世界平和をめざす組織名を答えなさい。

[　　　　　　　]

年代	できごと
1945	① が結成される
1948	② と朝鮮民主主義人民共和国が成立する
1950	③ が起こる

(2) 年表中の　②　にあてはまる，北緯38
度線の南に成立した国の，正式な国名を
答えなさい。

[　　　　　　　]

(3) 年表中の　③　にあてはまる，北朝鮮と韓国による戦争を何といいますか。

[　　　　　　　]

(4) 年表のころ，アメリカを中心とする資本主義諸国（西側陣営）と，ソ連を中心とする
社会主義諸国（東側陣営）とで，本当の戦争にはならないものの，非常に厳しい対立
状態が続いていました。この対立状態を何といいますか。

[　　　　　　　]

3 日本の高度経済成長と現代の文化

解説動画も
チェック！

✔チェックしよう！

時代	年代	できごと
昭和	1950	朝鮮戦争が起こる➡日本は特需景気をむかえる
	1955	55年体制が生まれ，高度経済成長が始まる
		1968年には国民総生産（GNP）が資本主義国で第2位に。 水俣病（熊本県），新潟水俣病，四日市ぜんそく（三重県）， イタイイタイ病（富山県）などの公害問題が発生した。
	1964	東京オリンピック・パラリンピックが開催された
	1973	石油危機が起こる➡高度経済成長の終わり

高度経済成長期の外交	
1965	ベトナム戦争が激化する
	日韓基本条約が結ばれる
1972	沖縄が日本に復帰する
	日中共同声明が出される
1978	日中平和友好条約が結ばれる

○現代の文化
映画監督：黒澤明『羅生門』
テレビ放送開始（1953）
インターネット普及（1990年代）

確認問題

1 次の文中の ① ～ ⑧ にあてはまる語句を，あとのア～クからそれぞれ選び，記号で答えましょう。

> 1950年，北朝鮮が韓国に侵攻すると ① が始まった。この戦争で必要な武器などが日本で調達され，日本は ② という好景気をむかえた。1955年になると，日本では年平均10%程度の経済成長率を達成する ③ の時期をむかえる。この時期には，1964年にアジア初の ④ が開催され，1968年には ⑤ が資本主義国で第2位となった。しかし，経済成長とともに公害問題も起こった。熊本県と新潟県の ⑥ ，三重県の ⑦ ，富山県の ⑧ を合わせて四大公害病とよぶ。

ア イタイイタイ病	イ オリンピック	ウ 朝鮮戦争	エ 四日市ぜんそく
オ 高度経済成長	カ 特需景気	キ 水俣病	ク 国民総生産

経済の発達が公害問題を生み出したよ。

①	②	③	④

⑤	⑥	⑦	⑧

練習問題

1 次の問いに答えましょう。

(1) 朝鮮戦争をきっかけにむかえた，日本での好景気を何といいますか。 [   ]

(2) 1955年から始まった，自由民主党(じゆうみんしゅとう)が結成されたことによって確立された政治体制を何といいますか。 [   ]

(3) 高度経済成長期に発生した四大公害病のうち，富山県で発生した公害病を何といいますか。 [   ]

(4) 1964年に東京で開催された国際的なスポーツの祭典を何といいますか。 [   ]

(5) 1965年に結ばれた，大韓民国を朝鮮半島唯一の政府と認めた条約を何といいますか。 [   ]

(6) 1972年に発表された，中華人民共和国を中国を代表する唯一の政府と認めた取り決めを何といいますか。 [   ]

(7) 『羅生門』や『七人の侍』などの作品で有名な映画監督はだれですか。 [   ]

⤴ ステップアップ

2 右の年表を見て，次の問いに答えましょう。

(1) 年表中の下線部①の時期の説明としてあてはまらないものを，次から1つ選びなさい。

年代	できごと
1955	①高度経済成長が始まる
	②四大公害病が問題となる
1973	③ が起こる

　ア　この時期には日本は，年平均10%程度の経済成長をとげた。

　イ　この時期に日本の国民総生産は，資本主義国で第2位となった。

　ウ　この時期に日本では，技術革新(かくしん)が進み，重化学工業が発達した。

　エ　この時期に日本では，石油から石炭へと主要エネルギーが転換(てんかん)した。 [   ]

(2) 年表中の下線部②について，水俣病（2か所），イタイイタイ病，四日市ぜんそくが発生した場所を右の地図中のア～エからそれぞれ選びなさい。

水俣病 [・   ]　　イタイイタイ病 [   ]　　四日市ぜんそく [   ]

(3) 年表中の ③ にあてはまる，日本の高度経済成長が終わりをむかえるきっかけとなったできごとを何といいますか。

> トイレットペーパーなどの値段があがったよ。

[   ]

4　冷戦終結後の国際社会と日本

✔チェックしよう！

時代	年代	できごと
昭和		1980年代後半，ソ連では国内で政治・経済の改革が行われ，東ヨーロッパ諸国では民主化運動が高まった。
	1989	ベルリンの壁が取り払われる マルタ会談が行われる ➡冷戦の終結が宣言された
平成	1990	東西ドイツが統一される
	1991	湾岸戦争が起こる ソ連が解体する
	1993	ヨーロッパ連合（EU）が成立する
	2001	アメリカで同時多発テロが起こる
	2003	イラク戦争が始まる
令和	2020	新型感染症が世界的に流行する

冷戦終結後の日本	
1991	バブル経済が崩壊する
1992	平和維持活動（PKO）に自衛隊を派遣する
1993	55年体制が崩壊する
1995	阪神・淡路大震災が起こる
2011	東日本大震災が起こる

○現代社会の特色
・少子高齢化，グローバル化，地球温暖化などの環境問題

確認問題

1　次の文中の ① ～ ⑧ にあてはまる語句を，あとのア～クからそれぞれ選び，記号で答えましょう。

> 　1989年，① が取り払われ，マルタ会談では ② の終結が宣言された。東西ドイツの統一に続き，1991年には ③ が解体した。同年，日本では ④ が崩壊し，不況となった。1992年に，自衛隊がカンボジアへ派遣され，⑤ に参加した。1993年に ⑥ が成立し，ヨーロッパの経済統合が進んだ。2001年に ⑦ が起こり，2003年には ⑧ が始まるなど，②終結後の国際情勢は新たな局面に入った。

ア　ソ連　　イ　イラク戦争　　ウ　アメリカ同時多発テロ　　エ　ベルリンの壁
オ　冷戦　　カ　PKO　　　　　キ　バブル経済　　　　　　　　ク　EU

1980年代の終わりから現在までの国際情勢をしっかりととらえよう。

①	②	③	④
⑤	⑥	⑦	⑧

練習問題

1 次の問いに答えましょう。

(1) アメリカのブッシュ大統領と，ソ連のゴルバチョフ共産党
書記長（だいとうりょう・しょきちょう・きょうさんとう）が冷戦の終結を宣言した会談を何といいますか。 [   ]

(2) 1973年の石油危機（せきゆきき）後，経済協力（けいざい）のために開かれるように
なった主要国首脳会議を，カタカナで何といいますか。 [   ]

(3) ある国は，東西に分かれていましたが，1990年に統一さ
れました。この国はどこですか。 [   ]

(4) 日本で1980年代後半に起こり，1991年に崩壊した，
土地や株の価格が異常に高くなる好景気を何といいますか。 [   ]

(5) EC（ヨーロッパ共同体）が発展（はってん）し，1993年に成立したヨー
ロッパ連合を，アルファベットの略称（りゃくしょう）で答えなさい。 [   ]

(6) 2001年9月11日，ハイジャックされた航空機によって，
ニューヨークなどで起こったテロを何といいますか。 [   ]

(7) 今日の日本は，子どもの数が減り，高齢者の割合が高い社
会になっています。この社会を何といいますか。 [   ]

↗ ステップアップ

2 右の年表を見て，次の問いに答えましょう。

(1) 年表中の ① にあてはまる，
冷戦を象徴（しょうちょう）する建造物を何といい
ますか。

[   ]

年代	できごと
1989	① が取り払われる
1991	②
1992	自衛隊が③平和維持活動に参加する
2003	④イラク戦争が起こる

(2) 年表中の ② にあてはまら
ないできごとを，次から1つ選び
なさい。

　ア　バブル経済が崩壊する。　　イ　ベトナム戦争が起こる。
　ウ　湾岸戦争が起こる。　　　　エ　ソ連が解体する。 [   ]

(3) 年表中の下線部③をアルファベットの略称で何といいますか。

[   ]

(4) 年表中の下線部④について，イラクにあてはまる国を，右の地
図中のア～エから1つ選びなさい。 [   ]

湾岸戦争でも攻
撃された国だよ。

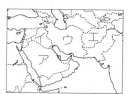

初版
第 1 刷　2021 年 7 月 1 日　発行

●編　者
　　数研出版編集部
●カバー・表紙デザイン
　　株式会社クラップス

発行者　星野　泰也
ISBN978-4-410-15541-3

新課程　とにかく基礎　中学歴史

発行所　数研出版株式会社

〒101-0052 東京都千代田区神田小川町 2 丁目 3 番地 3
〔振替〕00140-4-118431
〒604-0861 京都市中京区烏丸通竹屋町上る大倉町205番地
〔電話〕代表 (075)231-0161
ホームページ　https://www.chart.co.jp
印刷　河北印刷株式会社
乱丁本・落丁本はお取り替えいたします　210601

とにかく基礎 中学歴史 答えと解説

第1章　原始

1　人類の出現と世界の古代文明

確認問題 ―――――――――――― 4ページ

1 ① ク　② イ　③ ウ　④ キ
　　 ⑤ エ　⑥ カ　⑦ ア　⑧ オ

練習問題 ―――――――――――― 5ページ

1
(1) 原人（げんじん）
(2) くさび形文字
(3) 殷（いん）
(4) 儒学（儒教）（じゅがく／じゅきょう）
(5) 仏教（ぶっきょう）
(6) キリスト教
(7) イスラム教

2
(1) ピラミッド
(2) 太陰暦（たいいんれき）
(3) エ
(4) 甲骨文字（こうこつ）

練習問題の解説

2　Aはエジプト文明，Bはメソポタミア文明，Cはインダス文明，Dは中国文明（ちゅうごく）がおこった地域（ちいき）である。

(1) ピラミッドは，エジプト文明で王の墓としてつくられた。

(2) メソポタミア文明では，月の運行に基づく太陰暦が，エジプト文明では，太陽の運行をもとにした太陽暦（たいようれき）がつくられた。

(3) インダス川流域（りゅういき）におこった文明をインダス文明という。モヘンジョ・ダロなどの計画的につくられた都市には，排水施設（はいすいしせつ）や公衆浴場などがあった。

(4) 殷（中国文明）では，甲骨文字が使用された。亀（かめ）の甲や牛の骨（うら）に占いの結果を記したので甲骨文字とよばれる。甲骨文字は漢字のもととなった。各文明で使用された文字はきちんと整理しておこう。

エジプト文明…象形文字（しょうけい）（ヒエログリフ）

メソポタミア文明…くさび形文字

インダス文明…インダス文字

殷（中国文明）…甲骨文字

2　日本の成立

確認問題 ―――――――――――― 6ページ

1 ① キ　② エ　③ オ　④ ウ
　　 ⑤ ア　⑥ カ　⑦ イ　⑧ ク

練習問題 ―――――――――――― 7ページ

1
(1) 縄文土器（じょうもんどき）
(2) 貝塚（かいづか）
(3) 土偶（どぐう）
(4) 弥生土器（やよい）
(5) 鉄器（てっき）
(6) 高床倉庫（たかゆかそうこ）
(7) 卑弥呼（ひみこ）

2
(1) 旧石器時代（きゅうせっきじだい）
(2) 青銅器（せいどうき）
(3) 奴国（なこく）
(4) 邪馬台国（やまたいこく）

練習問題の解説

2
(1) 1万年ほど前に氷期（ひょうき）が終わると，地球の気温が上昇するとともに海水面も上昇し，日本列島は大陸から切り離された。このころから，日本列島では土器や磨製石器（ませいせっき）が使われるようになり，新石器時代に入った。それ以前は，旧石器時代とよばれる。

(2) 青銅器（せいどうき）は鉄器（てっき）とともに伝わったが，鉄器よりももろいため，武器としてはあまり使われず，おもに祭りの道具として用いられた。

(3) 奴国の王は，漢（後漢）（こうてい）の皇帝から金印を授かったと中国の歴史書（『漢書』（かんじょ））に記されている。この金印には，「漢委奴国王」（かんのわのなのこくおう）の文字が刻まれており，江戸時代に志賀島（しがのしま）で発見された。

1

(4) 邪馬台国は3世紀前半に栄え，女王卑弥呼が治めていた。弥生時代の日本の国と中国との関係はきちんと整理しておこう。

『漢書』地理誌…紀元前1世ころ，倭には100余りの国があり，朝鮮半島の楽浪郡に使いを送る国もあった，と記録されている。

『後漢書』東夷伝…1世紀半ば，奴国の王が漢（後漢）に使いを送り，金印を授かった，と記録されている。

『魏志』倭人伝…3世紀前半，邪馬台国の女王卑弥呼が魏に使いを送り，銅鏡や金印を授かった，と記録されている。

第2章　古代

1　日本の古代王権

確認問題 ───── 8ページ

1 ① エ　② ア　③ カ　④ イ
　⑤ オ　⑥ ク　⑦ キ　⑧ ウ

練習問題 ───── 9ページ

1 (1) 大和政権（ヤマト王権）
　(2) 大王
　(3) 古墳
　(4) 埴輪
　(5) 高句麗
　(6) 百済
　(7) 渡来人

2 (1) d
　(2) 前方後円墳
　(3) エ
　(4) 須恵器

練習問題の解説

2 (1) aは高句麗，bは百済，cは新羅である。大和政権は伽耶（任那）地域や百済との結びつきを強め，新羅や高句麗と戦った。

　(2) 図のように，円形と方形（四角形）がつながった形をしたものを前方後円墳という。大仙古墳は，大阪府堺市にある古墳で，日本最大の古墳である。2019年に大仙古墳

を含む古墳全体が，百舌鳥・古市古墳群として世界遺産に登録された。

　(3) 日本に鉄をつくる技術がまだなかったため，のべ板の形で朝鮮半島から輸入していた。大和政権は鉄を手に入れるために，伽耶（任那）地域とのつながりを強めた。

　(4) 朝鮮半島や中国から日本に移り住んだ渡来人とよばれる人々は，須恵器や良質な絹織物をつくる技術などを伝えるとともに，漢字や儒学，仏教なども伝えた。

2　聖徳太子の政治と大化の改新

確認問題 ───── 10ページ

1 ① オ　② キ　③ ウ　④ カ
　⑤ エ　⑥ ク　⑦ ア　⑧ イ

練習問題 ───── 11ページ

1 (1) 聖徳太子
　(2) 冠位十二階の制度
　(3) 十七条の憲法
　(4) 小野妹子
　(5) 法隆寺
　(6) 大化の改新
　(7) 天智天皇

2 (1) 摂政
　(2) ウ
　(3) イ，エ
　(4) 壬申の乱

練習問題の解説

2 (1) 聖徳太子は，推古天皇の摂政となり，天皇中心の政治をめざした。摂政とは，天皇が幼いとき，あるいは女性であるときに，天皇の代理として政治を行う役職のこと。

　(2) 隋は589年に中国を統一した王朝で，隋の進んだ文化や制度を学ぶために小野妹子らが派遣された。隋に派遣された使いは遣隋使とよばれた。

　(3) 中大兄皇子と中臣鎌足は蘇我氏をほろぼして大化の改新を始め，中央集権国家の建設をめざした。大化の改新では，それまで豪

族が私有していた土地や人民を国が直接支配する，公地・公民などの政策が行われた。

(4) 天智天皇の死後，天智天皇の息子である大友皇子と，天智天皇の弟である大海人皇子との間で，あとつぎをめぐる戦いが起こり，勝利した大海人皇子は，天武天皇として即位した。この戦いを壬申の乱という。

3 東アジアの緊張と律令国家，天平文化

確認問題 ──────── 12 ページ

1 ① ク　② キ　③ オ　④ ア
　 ⑤ イ　⑥ カ　⑦ エ　⑧ ウ

練習問題 ──────── 13 ページ

1 (1) 調
　(2) 遣唐使
　(3) 墾田永年私財法
　(4) 聖武天皇
　(5) 正倉院
　(6) 古事記
　(7) 万葉集
2 (1) 国司
　(2) 平城京
　(3) 荘園
　(4) ウ

練習問題の解説

2 (1) 地方は，国・郡などにわけられ，国では都から派遣された貴族が国司となって政治を行い，地方の豪族から任命された郡司を監督した。
　(2) 平城京は，唐の都長安にならってつくられた都で，約10万人の人々が住み，東西には市がもうけられ，さまざまな産物が売買された。
　(3) 墾田永年私財法は，新しく開墾した土地を永久に自分のものとしてよいという法律で，聖武天皇の時代に制定された。この法律が制定された結果，貴族や寺社が私有地を増やし，それらはやがて荘園とよばれるようになった。

(4) 鑑真は唐の僧侶で，日本への渡航に何度も失敗し，盲目となりながらも，来日した。日本で正式な仏教の教えを広めた。

4 藤原氏と摂関政治，国風文化

確認問題 ──────── 14 ページ

1 ① エ　② キ　③ オ　④ カ
　 ⑤ ア　⑥ イ　⑦ ク　⑧ ウ

練習問題 ──────── 15 ページ

1 (1) 桓武天皇
　(2) 菅原道真
　(3) 藤原道長
　(4) 清少納言
　(5) 紫式部
　(6) 天台宗
　(7) 浄土信仰
2 (1) 平安京
　(2) エ
　(3) 宋
　(4) 摂関政治
　(5) 国風文化

練習問題の解説

2 (1) 平城京では，貴族や僧の勢力争いで政治が乱れたため，桓武天皇は政治を立て直すため，まず784年に長岡京（京都府）に都を移したが，造営責任者が暗殺されるなどしたため，794年に現在の京都市に都を移した。これが平安京である。
　(2) 空海や最澄が伝えた仏教は，それまでの日本の仏教とはちがい，人里離れた山奥で厳しい修行や学問をするものであった。
　(3) 唐が滅亡してから，中国では，小さな国がいくつもできたが，宋が979年に中国を統一した。日本と宋との間に正式な国交はなかったが，貿易はさかんに行われ，さまざまな文物が日本にもたらされた。
　(4) 藤原氏は，自分の娘を天皇のきさきにし，生まれた子を天皇に立てて，自らは摂政や関白の地位について，政治の実権をにぎった。

5 院政と武士

確認問題 ───── 16 ページ

1 ① キ　② カ　③ ウ　④ イ
　⑤ ク　⑥ エ　⑦ オ　⑧ ア

練習問題 ───── 17 ページ

1 (1) 平 将門
　(2) 藤原純友
　(3) 源氏
　(4) 上皇
　(5) 院政
　(6) 平治の乱
　(7) 平清盛
2 (1) ア
　(2) ウ
　(3) エ
　(4) 太政大臣
　(5) 源 義経

練習問題の解説

2 (1) 10世紀の中ごろ，関東地方では平将門が，瀬戸内地方では藤原純友が武士団を率いて反乱を起こした。朝廷は自らの力でこうした反乱をしずめることができず，武士団の力を借りて，ようやくこれをしずめた。
　(2) 白河天皇は，天皇の位をゆずり上皇となってからも政治の実権をにぎり，「院」とよばれる住まいで政治を行った。上皇によるこのような政治を院政という。
　(3) 平清盛は，瀬戸内海の航路を整備し，兵庫の港（神戸市）を修築して，日宋貿易をおし進め，ばく大な富を得た。
　(4) 太政大臣は，朝廷の最高の役職である。武士として初めて平清盛がついた。
　(5) 源義経は壇ノ浦の戦いのあと，兄の頼朝と対立し，奥州藤原氏にかくまわれたが，自害し，奥州藤原氏も頼朝にほろぼされた。

第3章 中世

1 鎌倉幕府の成立

確認問題 ───── 18 ページ

1 ① イ　② ク　③ ウ　④ エ
　⑤ カ　⑥ キ　⑦ ア　⑧ オ

練習問題 ───── 19 ページ

1 (1) 源 頼朝
　(2) 地頭
　(3) 御家人
　(4) 御恩
　(5) 奉公
　(6) 承久の乱
　(7) 六波羅探題
2 (1) 守護
　(2) イ
　(3) (a) 後鳥羽上皇　(b) 北条政子

練習問題の解説

2 (1) 1185年，源頼朝は，弟の義経を捕えるという口実で，国ごとに守護を，荘園や公領ごとに地頭を置くことを朝廷に認めさせた。これをもって鎌倉幕府が成立したともいわれる。
　(2) 鎌倉幕府で将軍を補佐したのは執権，室町幕府では管領である。間違えないようにしよう。
　(3)(a) 承久の乱に敗れた後鳥羽上皇は，隠岐（島根県）に流され，以後，京都には朝廷を監視する六波羅探題という役職が置かれた。
　(b) 北条政子は，源頼朝の妻で，初代執権の北条時政の娘である。承久の乱の際に，朝廷の敵となることをおそれた御家人たちに，頼朝の御恩を説いて，御家人たちの結束を強めた。

2 鎌倉時代の人々のくらしと鎌倉文化

1 ① オ ② エ ③ イ ④ キ
⑤ ア ⑥ ク ⑦ カ ⑧ ウ

1 (1) 定期市
(2) 新古今和歌集
(3) 金剛力士像
(4) 平家物語
(5) 徒然草
(6) 一遍
(7) 禅宗

2 (1) 御成敗式目（貞永式目）
(2) エ
(3) ① イ ② ウ ③ ア

練習問題の解説

2 (1) 御成敗式目は，それまでの武士の慣習など
をまとめたもので，その後長く武士の法律
のよりどころとなった。
(2) 北条泰時は，鎌倉幕府の第3代執権。承久
の乱では幕府軍の総大将となり，朝廷軍を
破った。乱後，新たに設置された六波羅探
題の職についた。その後，執権となり，御
成敗式目（貞永式目）を制定した。
(3) 法然も親鸞も日蓮も圧迫を受けた。浄土宗，
浄土真宗，時宗は，浄土教系の宗派で，阿
弥陀如来にすがり，念仏を唱えることを特
徴とする。禅宗は武士の気風に合い，中で
も，栄西が広めた臨済宗は鎌倉幕府や室町
幕府の保護を受けた。

3 モンゴル帝国とユーラシア世界

1 ① ク ② エ ③ オ ④ ウ
⑤ ア ⑥ カ ⑦ イ ⑧ キ

2 (1) チンギス・ハン
(2) 北条時宗

(3) 元寇
(4) 防塁
(5) 徳政令（永仁の徳政令）
(6) 後醍醐天皇
(7) 足利尊氏

2 (1) イ
(2) イ
(3) ア

練習問題の解説

2 (1) 高麗は，1259年にモンゴルに服属し，文永
の役では，元軍とともに日本に攻め込んだ。
(2) 御家人の領地はその子どもたちに分割して
相続されたため，領地はしだいに小さくな
り，御家人の生活は苦しくなっていった。
そうした御家人を救うために，鎌倉幕府は
借金の帳消しを命じる徳政令を出したが，
あまり効果はみられず，経済はかえって混
乱した。
(3) 悪党とよばれた近畿地方の新興勢力である
楠木正成や，鎌倉幕府の御家人である新田
義貞なども後醍醐天皇に協力した。

4 室町幕府の成立と南北朝の内乱

1 ① エ ② イ ③ ウ ④ ア
⑤ オ ⑥ キ ⑦ カ

1 (1) 後醍醐天皇
(2) 南朝
(3) 室町幕府
(4) 南北朝時代
(5) 足利義満
(6) 管領
(7) 守護大名

2 (1) 建武の新政
(2) ウ
(3) (a) 足利尊氏 (b) ア

練習問題の解説

2 (1) 建武の新政は，公家を重視するものであったため，武士の不満が高まり，2年ほどで崩壊した。

(2) 南朝は吉野にあった。吉野は現在の奈良県に位置する地域である。1336年，足利尊氏は，京都で新しい天皇を立て，後醍醐天皇は吉野にのがれた。京都の朝廷を北朝，吉野の朝廷を南朝という。以後，室町幕府第3代将軍足利義満が南北朝を統一するまでの約60年間にわたり争いが続いた。この時代を南北朝時代という。

(3)(a) 足利尊氏は，最初，後醍醐天皇に味方したが，後醍醐天皇が公家重視の政策を行ったため，兵をあげた。尊氏は京都に新しい天皇をたて，征夷大将軍に任命され，室町幕府を開いた。

(b) 管領の職には有力守護の三家が交代でついた。鎌倉幕府で将軍を補佐したのは執権である。執権と管領を間違えないようにしよう。

5　室町時代の外交と産業

確認問題 ──────── 26 ページ

1 ① キ　② カ　③ ア　④ ク
⑤ ウ　⑥ オ　⑦ エ　⑧ イ

練習問題 ──────── 27 ページ

1 (1) 倭寇
(2) 足利義満
(3) 日明貿易（勘合貿易）
(4) ハングル
(5) アイヌ民族
(6) 座
(7) 惣

2 (1) 勘合
(2) 琉球王国
(3) ① 土一揆　② ア

練習問題の解説

2 (1) 倭寇と区別するために勘合が使用された。

日明貿易（勘合貿易）で日本は明から銅銭や絹織物などを輸入し，明に刀剣や銅などを輸出した。

(2) 尚氏が沖縄島を統一して，1429年に琉球王国が成立した。日本や明，朝鮮，東南アジアとの中継貿易で栄えた。

(3)① 資料2は，1428年に起こった正長の土一揆の際に，岩にほられたものである。1428年以前の借金を帳消しにすることが宣言されている。

② イの座は商工業者の同業者組合，ウの馬借は陸上輸送業，エの惣は農村の自治組織である。

6　応仁の乱と戦国大名

確認問題 ──────── 28 ページ

1 ① ク　② オ　③ イ　④ ア
⑤ カ　⑥ キ　⑦ エ　⑧ ウ

練習問題 ──────── 29 ページ

1 (1) 足利義政
(2) 下剋上
(3) 能（能楽）
(4) 狂言
(5) 金閣
(6) 書院造
(7) 雪舟
(8) 御伽草子

2 (1) 応仁の乱
(2) 分国法
(3) イ

練習問題の解説

2 (1) 応仁の乱は1467年から1477年まで続き，京都を中心に戦乱は全国へと拡大した。京都の戦乱を避けて，地方にのがれた公家や僧によって，京都の文化が地方に伝わり，地方でも文化が発達した。

(2) 資料にあげた分国法は武田氏のものである。戦国大名はこうした分国法をつくって，領国内の武士や農民を統制した。

(3) 北山文化が公家と武家の文化が融合した華やかな文化であるのに対して、東山文化は禅宗の影響の強い簡素で気品のある文化という特徴をもった。

第4章 近世

1 中世ヨーロッパ・イスラム世界

確認問題 ──── 30 ページ

1 ① オ ② キ ③ エ ④ イ
⑤ ウ ⑥ カ ⑦ ク ⑧ ア

練習問題 ──── 31 ページ

1 (1) 教皇（法王）
(2) エルサレム
(3) 十字軍
(4) ルネサンス（文芸復興）
(5) モナ・リザ
(6) プロテスタント
(7) イエズス会

2 (1) ① カトリック教会 ② 正教会
③ イスラム教
(2) Z
(3) 宗教改革

練習問題の解説

2 (1) ①はカトリック教会、②は正教会、③はイスラム教の勢力範囲である。
(2) Xはロンドン、Yはローマ、Zはエルサレムである。
(3) ローマ教皇はエルサレム奪回をめざして十字軍を派遣したが、遠征は失敗した。十字軍の失敗後、教皇やカトリック教会の権威はおとろえ、資金不足におちいったため、教皇は免罪符を売り出した。これに反発したカルバンやルターが宗教改革を始めた。

2 ヨーロッパ人の海外進出、信長と秀吉

確認問題 ──── 32 ページ

1 ① オ ② ウ ③ イ ④ カ
⑤ ア ⑥ ク ⑦ キ ⑧ エ

練習問題 ──── 33 ページ

1 (1) コロンブス
(2) 種子島
(3) 楽市・楽座
(4) 太閤検地
(5) 刀狩
(6) 兵農分離
(7) 狩野永徳
(8) 千利休

2 (1) ウ
(2) 鉄砲
(3) 安土城
(4) 豊臣秀吉

練習問題の解説

2 (1) 足利義昭は、室町幕府の第15代将軍で、織田信長の力によって将軍になったが、やがて敵対するようになり、1573年に京都から追放された。
(2) 長篠の戦いで、織田信長は武田氏の騎馬隊に対して馬を防ぐ柵やほりを利用し、大量の鉄砲を効果的に用いた。
(3) 織田信長がつくった安土城は、本格的な天守を持つ最初の城である。天守とは、城の中心をなす物見やぐらのことである。織田信長は安土城の城下町で、楽市・楽座を行い、商工業の発展を図った。
(4) 1590年、豊臣秀吉は関東の北条氏をほろぼし、東北の大名も秀吉に従ったので、全国統一が完成した。

3 江戸幕府の成立と支配の広がり

確認問題 ──── 34 ページ

1 ① エ ② カ ③ ウ ④ イ
⑤ キ ⑥ ク ⑦ ア ⑧ オ

練習問題 ──── 35 ページ

1 (1) 関ヶ原の戦い
(2) 豊臣氏
(3) 幕藩体制

(4) 外様大名
(5) 譜代大名
(6) 老中
(7) 徳川家光
(8) 五人組

2 (1) ① イ   ② ウ
(2) 武家諸法度
(3) 参勤交代

練習問題の解説

2 (1)① 江戸幕府の老中は常に置かれた最高の職で，幕府の政治をとりまとめる仕事をした。臨時に，老中の上に大老が置かれることもあった。

② 京都所司代は，京都に置かれ，朝廷と西日本の大名を監視する役割になった。アの執権とエの六波羅探題は鎌倉幕府の役職。

(2) 大名を統制する武家諸法度のほかに，天皇や公家を統制するために禁中並公家諸法度という法律も出された。

(3) 参勤交代は，第3代将軍徳川家光が，1635年に武家諸法度を改正して制度として定めた。大名は1年おきに江戸と領地（藩）を行き来して，大名の妻と子は人質として江戸に住んだ。

4 江戸幕府と鎖国

確認問題 ──────── 36 ページ

1 ① カ   ② エ   ③ ア   ④ ク
⑤ ウ   ⑥ キ   ⑦ オ   ⑧ イ

練習問題 ──────── 37 ページ

1 (1) 朱印船貿易
(2) 絵踏
(3) 鎖国
(4) オランダ
(5) 対馬藩
(6) 朝鮮通信使
(7) シャクシャイン

2 (1) イ
(2) 島原・天草一揆
(3) ウ
(4) 出島（長崎）

練習問題の解説

2 (1) ルソン（フィリピン），シャム（タイ），安南（ベトナム）などに日本町ができた。

(2) 島原・天草一揆は，1637年に少年の天草四郎（益田時貞）を大将にして起こった。領主によってキリスト教が迫害され，また年貢の取り立てが厳しかったことが原因である。

(4) 当初，出島にポルトガル人を住まわせていた。1639年にポルトガル船の来航が禁止されたため，平戸にあったオランダ商館が長崎の出島に移され，オランダ船は出島で貿易を行うことになった。以後，長崎で貿易を行うことができたのは，オランダ船と中国船に限られた。

5 江戸時代の産業の発達

確認問題 ──────── 38 ページ

1 ① オ   ② ア   ③ エ   ④ キ
⑤ イ   ⑥ ク   ⑦ カ   ⑧ ウ

練習問題 ──────── 39 ページ

1 (1) 五街道
(2) 樽廻船
(3) 天下の台所
(4) 蔵屋敷
(5) 株仲間
(6) 両替商
(7) 問屋制家内工業

2 (1) e
(2) Z
(3) 西廻り航路
(4) ウ

練習問題の解説

2 (1) aは奥州道中（街道），bは日光道中（街道），cは甲州道中（街道），dは中山道である。

(2) 江戸―大阪間には，樽廻船より以前から，菱垣廻船が運航し，木綿や油，しょう油などを運んだ。樽廻船は，主に酒を運んだが，そのほかの荷物も運ぶようになり，菱垣廻船よりも圧倒的に優位になった。

(3) 西廻り航路と東廻り航路は商人の河村瑞賢が整備し，東北地方の米や特産物が江戸や大阪に運ばれた。

6 幕府政治の動き

確認問題 ──────── 40 ページ

1 ① オ ② エ ③ ウ ④ ク
⑤ キ ⑥ イ ⑦ ア ⑧ カ

練習問題 ──────── 41 ページ

1 (1) 徳川吉宗
(2) 公事方御定書
(3) 田沼意次
(4) 百姓一揆
(5) 打ちこわし
(6) 松平定信
(7) 大塩平八郎
(8) 水野忠邦

2 (1) C ⇒ B ⇒ D ⇒ A
(2) ① B ② D
③ A ④ C
(3) 享保の改革

練習問題の解説

2 (1) Cの徳川吉宗の享保の改革が始まったのが1716年，Bの田沼意次の政治が始まったのが1772年，Dの松平定信の寛政の改革が始まったのが1787年，Aの水野忠邦の天保の改革が始まったのが1841年である。

(2)① Bの田沼意次の政策である。田沼意次は商業を重視する政策をとり，株仲間の結成や長崎貿易を奨励した。

② Dの松平定信の政策である。昌平坂学問所は江戸幕府直轄の学問所である。

③ Aの水野忠邦の政策である。水野忠邦は，物価上昇の原因が株仲間にあると考え，

株仲間を解散させた。

④ Cの徳川吉宗の政策である。この制度を上げ米の制といい，参勤交代で江戸に滞在する期間を1年から半年に減らす代わりに，1万石につき，100石の米を納めさせた。

(3) 江戸幕府の第8代将軍徳川吉宗が行った改革は享保の改革である。老中の松平定信が行った寛政の改革や老中の水野忠邦が行った天保の改革と間違えないようにしよう。

7 江戸時代の文化

確認問題 ──────── 42 ページ

1 ① ウ ② ク ③ ア ④ カ
⑤ イ ⑥ オ ⑦ エ ⑧ キ

練習問題 ──────── 43 ページ

1 (1) 近松門左衛門
(2) 浮世絵
(3) 歌川（安藤）広重
(4) 蘭学
(5) 杉田玄白
(6) 伊能忠敬
(7) 寺子屋

2 (1) ウ
(2) 古事記伝
(3) オランダ語
(4) 化政

練習問題の解説

2 (1) 上方とは，京都や大阪のこと。天皇がいるところを「上」というため，こうよばれた。

(2) 本居宣長の『古事記伝』は，『古事記』の注釈書である。本居宣長はこれにより国学を大成した。国学とは，儒教や仏教が伝来する前の日本独自の思想を研究する学問である。

(3) 徳川吉宗は，キリスト教に無関係なヨーロッパの本を輸入することを緩和した。これをきっかけにオランダ語でヨーロッパの学問や文化を学ぶ蘭学が発達した。

8 イギリス・アメリカ・フランスの革命

確認問題 ─────── 44 ページ

1 ① ク ② キ ③ ア ④ オ
⑤ ウ ⑥ エ ⑦ カ ⑧ イ

練習問題 ─────── 45 ページ

1 (1) 共和政
(2) 名誉革命
(3) 独立宣言（アメリカ独立宣言）
(4) 合衆国憲法（アメリカ合衆国憲法）
(5) 人権宣言
(6) ロック
(7) 南北戦争
(8) リンカン

2 (1) ワシントン
(2) イ
(3) 資料3

練習問題の解説

2 (1) 北アメリカでは，イギリスからの移住者が13の植民地をつくって自治を行っていた。植民地側の代表がいないイギリス議会で新しい税を課すことが決定すると，植民地の人々は独立戦争を起こし，1776年に独立宣言を発表した。その後，合衆国憲法が定められ，初代大統領には独立戦争の司令官であったワシントンが就任した。
(2) 資料2はフランスの人権宣言，資料1はアメリカの独立宣言，資料3はイギリスの権利の章典である。
(3) 資料1は1776年に発表された。資料2は1789年，資料3は1689年に発表された。資料1と資料2の時期は近いので判断はやや難しいが，資料3だけ時期が1世紀ほど早いことを意識しておこう。

9 欧米のアジア侵略と日本の開国

確認問題 ─────── 46 ページ

1 ① イ ② ア ③ カ ④ キ
⑤ ウ ⑥ オ ⑦ エ ⑧ ク

練習問題 ─────── 47 ページ

1 (1) 異国船打払令
(2) 日米和親条約
(3) 日米修好通商条約
(4) 西郷隆盛
(5) 薩長同盟
(6) 南京条約
(7) インド大反乱

2 (1) ア
(2) ウ
(3) 徳川慶喜
(4) 戊辰戦争

練習問題の解説

2 (1) イは横浜，ウは神戸，エは長崎で，これらは日米修好通商条約で開港された。
(2) 生糸や茶が輸出され，国内で品不足になった。また，毛織物や綿織物が輸入され，国内の生産地は打撃を受けた。
(3) 徳川慶喜は，江戸幕府第15代将軍で，江戸幕府の最後の将軍である。朝廷に政権を返上する大政奉還を行い，260年あまり続いた江戸幕府はほろびた。
(4) 戊辰戦争は，旧幕府軍と新政府軍の戦い。1868年に京都で起こった鳥羽・伏見の戦いに始まり，1869年の函館での戦いまで続き，新政府軍が勝利した。

第5章 近代

1 明治維新(1)

確認問題 ─────── 48 ページ

1 ① エ ② キ ③ オ ④ カ
⑤ イ ⑥ ア ⑦ ク ⑧ ウ

練習問題 ─────── 49 ページ

1 (1) 五箇条の御誓文
(2) 版籍奉還
(3) 解放令
(4) 学制

(5) 徴兵令
(6) 地租改正
(7) 殖産興業

2 (1) 廃藩置県
(2) イ
(3) イ
(4) 3％

練習問題の解説

2 (1) 1871年に明治政府は，中央集権国家の建設のために，藩を廃止して県を置く廃藩置県を行った。1869年には，藩の土地と人民を政府に返させる版籍奉還が行われている。版籍奉還では，もとの藩主がそのまま政治を行ったが，廃藩置県では，藩をなくしたため，政府が府知事や県令（のちの県知事）を派遣して，政治を行った。この違いをきちんとつかんでおこう。

(3) 富岡製糸場は殖産興業のために群馬県につくられた官営模範工場である。官営模範工場とは，工業をさかんにするために国が民間の模範となるようにつくった工場である。富岡製糸場は，2014年にユネスコの世界文化遺産に登録された。

(4) 土地所有者が現金で納めたが，収穫高に対する地租の割合は江戸時代とほとんど変わらず，また，小作人は現物で高い小作料を払ったため，農民には不満が残り，一揆が起こった。そのため，1877年には地租が3％から2.5％に変更された。

2 明治維新(2)

確認問題 ────── 50ページ

1 ① キ ② ア ③ ク ④ エ
⑤ オ ⑥ カ ⑦ イ ⑧ ウ

練習問題 ────── 51ページ

1 (1) 文明開化
(2) 福沢諭吉
(3) 日清修好条規
(4) 日朝修好条規

(5) 琉球処分
(6) 小村寿太郎
(7) 陸奥宗光

2 (1) ア，エ
(2) 西郷隆盛
(3) 千島（千島列島）
(4) イギリス

練習問題の解説

2 (1) イ，ウは江戸時代の人物。津田梅子は，のちに女子教育にあたった。

(2) 西郷隆盛や板垣退助らが征韓論を主張したが受け入れられず，政府を去った。

(3) 樺太（サハリン）をロシアの領土，千島列島のすべてを日本の領土と定めることで合意した。

(4) 日清戦争の直前に，日英通商航海条約を結んで領事裁判権の撤廃に成功した。

3 立憲制国家の成立

確認問題 ────── 52ページ

1 ① イ ② カ ③ ク ④ エ
⑤ キ ⑥ ア ⑦ オ ⑧ ウ

練習問題 ────── 53ページ

1 (1) 藩閥政治
(2) 民撰議院設立の建白書
(3) 自由民権運動
(4) 西郷隆盛
(5) 大隈重信
(6) 秩父事件
(7) 15（円以上）

2 (1) 西南戦争
(2) エ
(3) 伊藤博文
(4) ウ

練習問題の解説

2 (1) 西南戦争以後，政府に対する批判は，武力による反乱から，言論によるものへと変化していき，自由民権運動がさかんになっていった。

(2) 立憲改進党を結成したのは大隈重信。板垣退助が結成したのは自由党。

(4) 1890年に行われた衆議院議員総選挙で選挙権 があたえられたのは，直接国税を1年に15 円以上納める満25歳以上の男子のみとされ， 日本の総人口の約1％にすぎなかった。

4 条約改正と日清戦争

確認問題 ──────── 54ページ

1 ① ク ② ア ③ オ ④ イ
　 ⑤ エ ⑥ ウ ⑦ キ ⑧ カ

練習問題 ──────── 55ページ

1 (1) 帝国主義
　 (2) 日清戦争
　 (3) 下関条約
　 (4) 台湾
　 (5) 三国干渉
　 (6) 大韓帝国
　 (7) 小村寿太郎
2 (1) 甲午農民戦争
　 (2) イ
　 (3) (a) ロシア，ドイツ，フランス
　　　 (b) 遼東半島

練習問題の解説

2 (1) 甲午農民戦争で，朝鮮の政府は反乱をしずめるために清に出兵を要請したため，日本もこれに対抗して出兵し，日清戦争が始まった。

(3) 三国干渉に対し，日本は，軍事力で対抗できなかったため，賠償金を追加することで遼東半島を返還した。

5 日露戦争と戦後の東アジア

確認問題 ──────── 56ページ

1 ① キ ② ア ③ ウ ④ イ
　 ⑤ オ ⑥ ク ⑦ エ ⑧ カ

練習問題 ──────── 57ページ

1 (1) ロシア
　 (2) イギリス

(3) 幸徳秋水
(4) ポーツマス条約
(5) 日比谷焼き打ち事件
(6) 伊藤博文
(7) 安重根
(8) 韓国併合

2 (1) ウ・エ
　 (2) 朝鮮総督府
　 (3) 孫文

練習問題の解説

2 (1) ア・イは下関条約の内容。

(2) 日露戦争後，朝鮮半島の侵略を進めた日本は1910年，韓国併合を実現した。朝鮮の植民地統治を実施するために，日本は朝鮮総督府を設置した。

(3) 辛亥革命は孫文を中心に進められた。革命の結果，清は滅亡し，新たに中華民国が成立した。中華民国の初代大総統には袁世凱が就任した。

6 産業革命と近代文化の形成

確認問題 ──────── 58ページ

1 ① カ ② エ ③ イ ④ ク
　 ⑤ ウ ⑥ キ ⑦ ア ⑧ オ

練習問題 ──────── 59ページ

1 (1) 八幡製鉄所
　 (2) 重工業
　 (3) 財閥
　 (4) 田中正造
　 (5) 大逆事件
　 (6) フェノロサ
　 (7) 夏目漱石
2 (1) イ
　 (2) 労働組合
　 (3) 野口英世

練習問題の解説

2 (1) 生糸は幕末から最大の輸出品であるが，機械化が進んで，日露戦争後には，日本は世界最大の輸出国になった。

(2) 厳しい労働条件で働く労働者たちは，日清戦争後に労働組合を結成するようになり，労働条件の改善を求めて，労働争議が増えるようになった。これに対し，政府は工場法を制定し，12歳未満の者の就労を禁止したり，1日12時間労働制などを定め，労働者を保護する策をとった。

7 第一次世界大戦と国際協調の時代

確認問題 ──────── 60 ページ

1 ① オ ② エ ③ ク ④ ウ
⑤ キ ⑥ カ ⑦ ア ⑧ イ

練習問題 ──────── 61 ページ

1 (1) 三国同盟
(2) 三国協商
(3) ヨーロッパの火薬庫
(4) ロシア革命
(5) ベルサイユ条約
(6) 国際連盟
(7) ソビエト社会主義共和国連邦（ソ連）

2 (1) イギリス
(2) オーストリア
(3) イ
(4) ドイツ
(5) 民族自決（民族自決の原則）

練習問題の解説

2 (1) 三国同盟は，ドイツ，イタリア，オーストリア，三国協商は，イギリス，フランス，ロシアからなっていた。なおイタリアは，領土問題などから三国協商側について，第一次世界大戦で戦った。

(2) オーストリアの皇太子夫妻が，サラエボでセルビア人の青年に暗殺されたことがきっかけで，第一次世界大戦が起こった。

(4) ベルサイユ条約によって，ドイツは領土を縮小され，すべての植民地を失い，巨額の賠償金を課せられた。

(5) 民族自決の原則は，アジアやアフリカの国々に対してはほとんど認められなかった。

8 大正デモクラシーと政党内閣

確認問題 ──────── 62 ページ

1 ① オ ② エ ③ ア ④ キ
⑤ ウ ⑥ ク ⑦ イ ⑧ カ

練習問題 ──────── 63 ページ

1 (1) 大正デモクラシー
(2) 民本主義
(3) シベリア
(4) 第一次護憲運動
(5) 原敬
(6) 全国水平社
(7) 治安維持法

2 (1) エ
(2) 吉野作造
(3) (a) ウ (b) ア

練習問題の解説

2 (1) アはポーツマス条約，イ，ウは下関条約の内容である。

(2) 吉野作造は，大正デモクラシーの代表的な思想家で，民本主義を提唱した。民本主義とは，民主主義とは異なり，天皇に主権があっても，国民の意見に基づいて政治を行うことである。

(3)(a) それまでの，納税額による制限がなくなった。日本で，満20歳以上の男女が選挙権をもったのは，太平洋戦争後の1945年になってからである。

(b) ラジオ放送は1925年に始まり，音楽やニュース，野球中継などを多くの人が聞くようになった。新聞や出版物も部数がのび，文化の大衆化が進んだ。1925年には，社会主義者の活動を取りしまるために治安維持法が制定されている。

9 社会運動の広がり，新しい文化

確認問題 ──────── 64 ページ

1 ① キ ② イ ③ ク ④ エ
⑤ オ ⑥ ア ⑦ ウ ⑧ カ

1 (1) ストライキ
(2) 日本農民組合
(3) 平塚らいてう（平塚らいちょう）
(4) 文化住宅
(5) ラジオ放送（ラジオ）
(6) 白樺派
(7) 芥川龍之介

2 (1) 労働争議
(2) (a) 小作争議
(b) 1922 年
(3) 護憲運動（第二次護憲運動）

練習問題の解説

2 (2)(a) 労働者の増加によって，労働条件の向上を目指した運動が多発した。
(b) 第一次世界大戦が終結すると，日本は不況になった。不況下で多発する小作争議を指導するために，日本最初の農民組合である日本農民組合が結成された。
(3) 1924 年，普通選挙の実現を求める護憲運動が起こると，当時の内閣は選挙で敗れ，新たに加藤高明を首相とする内閣が成立した。この内閣のもと，普通選挙法を制定した。

10 恐慌の時代と政党内閣の危機

確認問題 ──────── 66 ページ

1 ① キ ② ウ ③ ア ④ エ
⑤ カ ⑥ ク ⑦ イ ⑧ オ

練習問題 ──────── 67 ページ

1 (1) アメリカ
(2) フランス
(3) ローズベルト
(4) 五か年計画
(5) ムッソリーニ
(6) ナチス
(7) ロンドン

2 (1) 世界恐慌
(2) ブロック経済

(3) エ
(4) ニューディール（新規まき直し）政策

練習問題の解説

2 (2) 多くの植民地を持つイギリスやフランスは，本国と植民地との貿易をさかんにし，その他の外国商品には高い関税をかけてしめ出すブロック経済という政策をとった。
(3) 世界恐慌によって，生糸の最大の輸出先であったアメリカへの輸出が減った。東北地方では 1930 年に，豊作のため農産物価格が大幅に下落し，翌年の大凶作が起こった。また，工場労働者の労働争議や，農民らが小作料の減額を求める小作争議も増加した。

11 満州事変・日中戦争と戦時体制

確認問題 ──────── 68 ページ

1 ① オ ② カ ③ キ ④ ア
⑤ エ ⑥ ウ ⑦ ク ⑧ イ

練習問題 ──────── 69 ページ

1 (1) 満州事変
(2) 犬養毅
(3) 国際連盟
(4) 二・二六事件
(5) 日中戦争
(6) 毛沢東
(7) 皇民化政策

2 (1) イ
(2) 大政翼賛会
(3) ウ⇒ア⇒エ⇒イ

練習問題の解説

2 (1) 満州国の執政は清の最後の皇帝溥儀であったが，日本軍が実質的に支配していた。
(2) 大政翼賛会とは，国民を戦争に協力させるための組織で，国民が一体となるために，政党はすべて解散し，大政翼賛会にまとめられた。
(3) アは 1936 年，イは 1938 年，ウは 1932 年，エは 1937 年のできごとである。

12　第二次世界大戦と戦時下の生活

確認問題 ─────── 70 ページ

1　① キ　② ア　③ ク　④ カ
　　⑤ エ　⑥ ウ　⑦ オ　⑧ イ

練習問題 ─────── 71 ページ

1　(1)　ポーランド
　(2)　第二次世界大戦
　(3)　大西洋憲章
　(4)　太平洋戦争（アジア・太平洋戦争）
　(5)　学徒出陣
　(6)　ソ連
　(7)　原子爆弾

2　(1)　日独伊三国同盟
　(2)　日ソ中立条約
　(3)　イ
　(4)　ポツダム宣言

練習問題の解説

2　(1)　他国から攻撃を受けたときに，お互いに助け合うことを協定した。

　(2)　1945 年 8 月 8 日，ソ連は日ソ中立条約を一方的に破棄し，日本に宣戦布告し，南樺太や千島列島，満州国などに攻め込んだ。

　(3)　イのドイツのポーランドへの侵攻は 1939 年のことである。

　(4)　アメリカ，イギリス，ソ連の 3 国が，ドイツのベルリン郊外のポツダムで会談し，アメリカ，イギリス，中国の名で，日本へ無条件降伏を求めて発表したものである。

第6章　現代

確認問題 ─────── 72 ページ

1　① キ　② エ　③ オ　④ ア
　　⑤ ク　⑥ カ　⑦ ウ　⑧ イ

練習問題 ─────── 73 ページ

1　(1)　アメリカ
　(2)　ソ連
　(3)　GHQ

　(4)　極東国際軍事（東京）裁判
　(5)　満 20 歳以上
　(6)　財閥解体
　(7)　教育基本法

2　(1)　(a) 1947 年　(b) 国民主権
　(2)　a ウ　b イ　c ア

練習問題の解説

2　(1)(a)　日本国憲法は，1946 年 11 月 3 日に公布され，その半年後の 1947 年 5 月 3 日に施行された。

　　(b)　日本国憲法の 3 つの基本原理のうち，あとの 2 つは，基本的人権の尊重と平和主義である。

　(2)　農民の生活苦が，対外侵略の重要な動機になった，と考えた GHQ の指導によって農地改革が行われた。

2　冷戦の開始と日本の独立回復

確認問題 ─────── 74 ページ

1　① カ　② ク　③ ア　④ ウ
　　⑤ キ　⑥ イ　⑦ オ　⑧ エ

練習問題 ─────── 75 ページ

1　(1)　安全保障理事会
　(2)　ソ連
　(3)　NATO
　(4)　朝鮮戦争
　(5)　中華人民共和国
　(6)　日米安全保障条約
　(7)　日ソ共同宣言

2　(1)　国際連合
　(2)　大韓民国
　(3)　朝鮮戦争
　(4)　冷たい戦争（冷戦）

練習問題の解説

2　(3)　北朝鮮が南北の統一を目指して韓国に侵入したことがきっかけで起こった。

　(4)　核兵器をふくめた軍備拡張が行われた。アメリカとソ連の間で，直接の戦争は起こらなかったが，朝鮮戦争など，冷戦の影響を

受けた戦争が起こった。

3　日本の高度経済成長と現代の文化

確認問題　————————— 76 ページ

1　① ウ　② カ　③ オ　④ イ
　　⑤ ク　⑥ キ　⑦ エ　⑧ ア

練習問題　————————— 77 ページ

1　(1)　特需景気
　　(2)　55 年体制
　　(3)　イタイイタイ病
　　(4)　東京オリンピック・パラリンピック
　　(5)　日韓基本条約
　　(6)　日中共同宣言
　　(7)　黒澤明
2　(1)　エ
　　(2)　水俣病：ア・ウ，イタイイタイ病：イ，
　　　　四日市ぜんそく：エ
　　(3)　石油危機

練習問題の解説

2　(1)　高度経済成長期にエネルギー革命が起こり，
　　　　主なエネルギー資源が石炭から石油へとか
　　　　わった。
　　(2)　水俣病は熊本県と新潟県，イタイイタイ病
　　　　は富山県，四日市ぜんそくは三重県で発生
　　　　した。
　　(4)　第四次中東戦争をきっかけに石油危機が起
　　　　こると，日本の石油価格が高騰した。これ
　　　　らの物価高騰を背景に，高度経済成長は終
　　　　わりをむかえた。

4　冷戦終結後の国際社会と日本

確認問題　————————— 78 ページ

1　① エ　② オ　③ ア　④ キ
　　⑤ カ　⑥ ク　⑦ ウ　⑧ イ

練習問題　————————— 79 ページ

1　(1)　マルタ会談
　　(2)　サミット
　　(3)　ドイツ

　　(4)　バブル経済
　　(5)　EU
　　(6)　同時多発テロ
　　　　（アメリカ同時多発テロ）
　　(7)　少子高齢社会
2　(1)　ベルリンの壁
　　(2)　イ
　　(3)　PKO
　　(4)　イ

練習問題の解説

2　(1)　ベルリンの壁は，1961 年に当時の東ドイ
　　　　ツ政府によってつくられた，西ベルリンを
　　　　取り囲んでいた壁。ベルリンは東ドイツに
　　　　あったが，西ベルリンは西側諸国によって
　　　　統治されていた。そのため，西ベルリンに
　　　　流出する東ドイツ国民が続出し，それを防
　　　　ぐためベルリンの壁がつくられた。
　　(2)　イのベトナム戦争は 1960 年に起こった。
　　　　ウの湾岸戦争は，クウェートに侵攻したイ
　　　　ラク軍と，アメリカを中心とした多国籍軍
　　　　の戦争である。
　　(3)　日本は 1992 年に，国連平和維持活動協力
　　　　法（PKO 協力法）が成立したことをうけ，
　　　　初めて自衛隊の部隊をカンボジアへ約 1 年
　　　　間派遣した。
　　(4)　アはサウジアラビア，ウはイラン，エはア
　　　　フガニスタンである。